お寺に嫁いだ私が
フェミニズムに
出会って考えたこと

森山りんこ

地平社

装画　喜田なつみ

はじめに

私がお寺に来てから20年近くになる。

何年か前のある日。たしかもう日付が変わろうとしていたときだと思う。お寺の人間になろうともがいていた日々のことや、感じ続けていた違和感、そして、ただモヤモヤするだけだったことが、急に言葉になりだして、その日のうちに書き出しておかないといけないような気持ちになった。というか、手が止まらなくなって、湧き上がってくるものをそのまま書いてSNSに投稿した。

とんでもない長文になってしまったけれど、ただ頭に浮かんだことを出し切りたいだけだったので、誰かが読むとか読まないとかはほとんど考えてもいなかった。

夜中に投稿ボタンをポチッとした後は、お寺の中でモヤモヤしていたことの正体がわかったという爽快感や、それを自分の内から解き放つことができたという解放感を覚えた。でも、少し時間が経つと、私がお寺の中で積み重ねてきたことに賛同してくれていた人たちや、同じような立場でお寺にかかわる友人たちの頑張りを否定しているように受け取られるのではないか、という心配が湧いてきた。

ベッドに入ってから、「いくらなんでも書きすぎちゃったかな」「いやいや、みんなもう寝ているだろうし、夜中にあんな長文を読む人もいないだろう」などと考えながら悶々《もんもん》と夜を過ごし、結局よく眠れないまま、いつもより早く朝を迎えた。やっぱり投稿は削除しよう、そう決めてSNSを開けてみた。すると驚いたことに、たくさんの友人や知人から、好意的なリアクションや共感のコメントが書かれていたのだ。みんな夜更かし&早起き！　なことにも驚きつつ、コメントを読みながら、とても嬉しい気持ちでいっぱいになった。

それが、私がお寺の中のジェンダーについて積極的に考え、発信するきっかけとなった。

それまでは、僧侶の妻である私が、お寺にいることに違和感なんて感じてはいけないと思っていたし、何年経っても寺での暮らしを好きになれず、馴染《なじ》めないのは私のせいだと思っていた。おぼろげに感じていた違和感に対処してきてはいたけれど、あくまでも問題は私にあって、私が悪くて、そんな私をどう変えていくかというアプローチをしていたにすぎなかった。

家族経営のお寺での暮らしというのは、物理的にも精神的にも「家庭」とつながっている。なので、起こることのすべてがあまりにも個人的でいて個人的でない。寺というのが家父長制を模したような仕組みなので、家庭の中でも家父長制のピラミッドそのままのことが起きてしまう。だから、家で起こる小さな問題に見えるものが、個人的なもののようでいて、町の寺という小さな組織の問題だったりする。もちろんピラミッドの下にいるのは、新入りで何も知らない私だ。優しさや思いやりをもってしても、その位置は変わらない。

当時は、これは家父長制の仕業だな、などとは少しもわかっていなかったけれど、子どもが小さかったときなど、家族とのちょっとした悩みを誰かに聞いてもらいたくても、これは寺のことなのか、私の家のことなのか、私のことなのか、気軽に友だちに話してよいことなのか、公園やファミレスで話して大丈夫なことか、などと考えてしまい、ひとりで抱えこんでいる時間も長かった。同じように寺に住む境遇の人と出会えたとしても、今度はその人がどんな考えの人か、誰とつながっているか……などと考えて、そこでもなかなか話せずにいた。

お寺に来てから私はずっと、この場所を自分にとって居心地のいい場所にしようともがいてきたけれど、それってずっと居心地が悪かったんだよね、と今頃になってやっと気づいた。

同じような思いの人がいないかと、インターネットで検索することもあったけれど、なかなか私の納得のいく答えにはたどりつけなかった。私のような状況にいる女性たちは「寺嫁《てらよめ》」というハッシュタグなどを使って発信していることが多く、私もその言葉を使って検索していたけれど、「寺嫁なのだから頑張る」系のものや「寺嫁って素敵なお仕事!」系のものが多くて、なんだかしっくり来ないものばかりだった。「寺嫁」が私にとって、いま書いていても苦しくなってしまうキーワードだったりもして、探すことも減っていった。

ジェンダーとかフェミニズムとか、そういうことを自分ごとだと思っていなくて、女性であることで困ったことがないと思っていた頃の私は、(のちに言語化できたことだけど)「寺嫁」という言葉を目にすると、寺にいるのに馴染むことができない劣等感や、寺の嫁=私のアイデンティティではないのに、すべてにおいてその言葉がつきまとうことへの抵抗感、そして何より「寺嫁」とひとくくりにされてしまうことへの歯がゆさなどが入り混じって、なんとも言えない気持ちになっていたのだ。そう言いつつも、寺の嫁だと堂々と言えることに憧れる気持ちがあったりもしたけれど、そうできない何かをずっと抱えていた。

「どうして私はうまくやれないんだろう……」みたいな疑問、いや、それよりももっと曖昧《あいまい》なモヤモヤへの答えとはなかなか出会えずにいたのだけど、時代のおかげか、SNS上にある記事や本などを通して徐々に出会えるようになってきた。はじめの頃は、ジェンダーやフェミニズムについての本や記事をひたすら読んだ。そのうちに私の知りたかったこと、家族とか家庭とか、そういうことにつながりだして、だんだんと「これが知りたかった!」と思えるものに出会えるようになっていった。

ずっとモヤモヤの正体がわからずにいた私だけど、その答えとなるような記事や本、そしてそれを発信している方々に出会うことができて、やっと自分を取り戻しはじめることができた。だから、この本のお話をいただいたときに、私には無理ではないかとも思ったけれど、ぜひ書いてみたいと思った。ひとりでも、同じような思いの人に届いたらいいなぁと思った。

どこにいようと、誰といようと、私は私だ。たったそれだけのことなのに、寺の空気に圧倒されて、自分で自分をがんじがらめにしていた過去や、社会の仕組みに縛られていた過去を一瞬にして自分から消し去るのはとても難しい。

それでも、時間がかかっても、間違いながらでも、疲れて休み休みでも、すべてを取っ払って、ただの私に帰りたい。

お寺に嫁いだ私がフェミニズムに出会って考えたこと　目次

2章 「私」に帰る

3章 フェミニズムが教えてくれたこと

1章

私が「お寺のおくさん」になるまで

Before 寺

私はお寺とはまったく縁のない環境で育った。家族のいろいろな事情から、お墓参りも数えるほどしか行ったことがなく、町にあるようなお寺に足を踏み入れたこともなかった。寺や僧侶と言ってイメージできるのは、テレビや観光地で見かけるお坊さん、またはお葬式といえばお坊さん程度のものだった。初詣くらいは行ったけど、そもそもあれは神社だし、出店《でみせ》を楽しみに行っていたようなもので、寺社めぐり等にも興味はなかった。

通っていた学校はミッション系だったけれど、生徒の大半がそうであるように、両親も私もキリスト教の信者だったわけではない。ただ、宗教にまつわる授業や行事はわりと好きなほうで、そういう面では宗教的なものへの抵抗はほとんどなかった。

小学校の頃は、共学だけど男子は数人という構成で、中学からは女子校になる。小学校では聖書を読む授業があって、学校行事のミサもあった。通常の授業と違ってテストもなく成績もつかない宗教の時間は、学校にいながらのんびりできる至福の時間だった。宗教の時間に聞く話も好きだったし、聖書に使われていた薄いつるつるとした紙や、挿絵のタッチがリアルなところも好きだった。

ミサのいいところは、何と言っても学校に行っているのに授業がないことで、こちらも癒しの時間。シスターの弾くエレクトーンの音や、ちょっとおもしろくて優しい神父様のよく通る声が体育館に響くのも、心地よくて大好きな時間だった。ミサの中ではパンと葡萄酒《ぶどうしゅ》の儀式（？）があったのだけど、そのパンがどんな味なのか、葡萄酒は？　などと、のんびり考える時間は最高だった。

クリスマスとなると、図工の時間に画用紙とセロファンでステンドグラスを作って教室の壁を飾りつけたり、ミサのために聖歌の練習をしたり。クラスでのクリスマス会もあって、机をコの字型に並べてケーキを食べられるのが特別感いっぱいで、大好きな季節だった。

中学高校ともなると、私の頭がもうちょっと現実的になってくるし、尾崎豊もすでに世に現れていたし、成績がよろしくない上に反抗期も始まっていたので、学校への特別な思い入れはないけれど、誰にも遠慮せず、縮こまらず、マイペースでいられたのはあの学校で過ごしたからだと、大人になってからわかった。

学校では女性の校長先生をはじめ、生徒会長もクラブの部長も委員長ももちろんみんな女子で、女子が活躍するのが当たり前の風景だった。勉強にいそしむ人、部活を頑張る人、趣味を追求する人、とくに何もしない私のような人、何をしていても好きなように、のびのびと過ごせたと思う。

自分の家に目を向けると、いま思えば、家の中では父は仕事、母は仕事と家事というように、性別役割分担があったけれど、まぁ当時としてはそんなものだったんじゃないかとも思う。でも、女の子だからああしろこうしろ、あれはダメ、これは諦めろみたいなことはなく、自分のしたいことをして、したくないことはしないで、のんびりと過ごせていた。

私は二人姉妹の妹で、男きょうだいがいなかったことも、「女の子だから」を感じずにいられた理由のひとつかもしれない。父は男の子が欲しかったようで、ラジコンや乗りもの関係のおもちゃなど、当時の「男の子向け」のおもちゃをよく買ってきた。父自身が機械ものが好きだったから、自分用に買っていたという面もあったみたいだけれど、私はそういうおもちゃも好きだったし、「女の子向け」のおもちゃも同じように好きだった。

高校を卒業してから通っていた専門学校やバイト先、就職した職場でも、自分に合った場所で過ごすことができていた。専門学校も男女関係ない世界だったたし、仕事をしはじめてからも、小さな会社で、社長もフラットな考え方の人だったせいか、「女性らしさ」や「女性ならでは」を求められずに働くことができた。女だからお茶くみとか、お酒を注がされるとか、そういうこともなかった。同じ業界でも大きな会社だったら、賃金格差や結婚出産などで働けなくなったりするようなことがあったかもしれないけれど、私のいた会社に出入りする方々からも、そんなようすがうかがえることはなく、性別問わず同じように仕事をしていた。強いて声を上げなくても、性別にかかわらず対等に仕事をする姿を目にしていたので、女だから不利だと感じたことがなかったし、そのときなりの生きづらさみたいなものはありつつも、とくに女性であることを気にせずにいられた。

その頃の私の知識も含め、そんな環境にいたせいか、世の中が男女不平等なことにもピンと来ていなかったし、自分のまわりに女性差別があるだなんて、これっぽっちも思っていなかった。そして、のちに気づくことになるのだけど、自分に女性の役割が刷り込まれているなんて１ミリも思っていなかった。

いま思うと、私がいたさまざまな場面でも、社会の構造による圧倒的なジェンダーバランスの偏りや、職場での地位の固定化などがあったのだろうけれど、大きな構造の中にあるような場所からはわりと距離のあるところにいることが多かったせいか、社会の障壁みたいなものを感じることなく生きていた。

そんなだから、いざ寺にやってきたときに、未知の価値観や未知の思考回路、未知の生活にただただ圧倒され、動けなくなってしまったのかもしれない。

「結婚」が始まる

小さなときから男女の差を気にせず生きてこられて、自分は「女性の役割」から自由だと思っていたのに、「結婚」となったとたんに、私の中に潜んでいた「女性の役割」が次から次へと発動しだした。何歳までに結婚とか、何歳までに出産なんていうことも頭にチラついていた。

もちろん当時はそれらを自然にこなしていたのだけれど、この頃、あるいはそれ以前にフェミニズムに出会っていたら、どんなふうに思い、どんなふうに振る舞っていただろうかと考えずにいられない。でも、知っていてもたぶん、当時のようにしかできなかったかもしれない。こればかりはわからない。

後になって、寺への疑問について人と話していると「わかっていて結婚したんでしょ」「自分で決めたんでしょ」と言われることが何度もあった。たしかに結婚することは自分で決めたけれど、寺の内情なんてまったくわかっていなかった。実際に暮らしてみないとわかるはずがない。

まず私は、寺というものを本当に何も知らなかった。結婚前に夫が、寺の内情について良い面も悪い面も話してくれてはいたけれど、私が寺を知らなすぎて、聞いてもわかっていなかった。いま頭に残っているのも「自由じゃなくなる」程度の曖昧なキーワードくらいだ。想像ができなさすぎて、寺の内情がどういうものか、いくら聞いても私にはまったく響いていなかった。たまにテレビで妻たちが顔を出すような相撲部屋のほうがまだ想像がついたので、「まあ……あんな感じ?」くらいに思っていたけれど、それだってきれいなところだけ編集された上で見ている、遠く離れた世界の話。加えて、当時の私は結婚に前のめりになっていた。

結婚を決めてから、何度か寺の手伝いに行ったりしたけれど、その時点では私はあくまでも手伝いにすぎない。お客さんにお茶を出したり片づけたりといった程度で、接客業も飲食業もバイトの経験があるし、そういう仕事が大好きだったし、とにかく夫と気が合うんだからなんとかなるだろう、くらいにしか考えていなかった。でも、当たり前のことながら、ちょっと手伝いに行くのと住んで生活するのとでは意味が全然違う。そんなことにも気づかなかった……。

それにしてもだ。結婚前後の私の、見事なまでの構造への巻き込まれ具合と、「女性の役割」を決められたようになぞろうというジェンダー規範の発動ぶりを思い起こすと心がキュッとするし、どうしてそこまでしてしまったのか……と我ながらがっかりもする。

遊び仲間のひとりとして出会った夫のことは、僧侶だと知っていたけれど、僧侶として出会ったわけでも、僧侶だからつきあったわけでもなかった。まわりを見ても、僧侶だからつきあったとか、僧侶だから結婚したという人のほうが稀《まれ》なのではないかと思う。私と夫も、そういうことは抜きで、興味の向く方向が似たところがあったので、なんとなく一緒にいる時間が長くなって結婚することにしたのだった。

夫との結婚が決まると私は仕事を辞めた。当時の私の価値観では、そうするのが当たり前だと思っていた。少人数の楽しい職場だったのだけど、夜遅くなることも多かったし、もしも子どもができたなどの事情で急に辞めるとなったら迷惑がかかるのでは……などとも思って、早めに辞めてしまったのだ。

相手の家が寺だから、というのもその判断に拍車をかけたような気もする。結婚前から少しずつ寺の手伝いに行くなかで、そして未知すぎるお寺での滞在を通して、私が勝手に作り上げた「お寺のおくさん」像に近づくこと、その型に収まることが、当時の私のミッションとなっていった。なので、2025年のいま言葉にするのはちょっと恥ずかしいけれど、会社を辞めて「花嫁修業」をせねば！という気持ちになっていたのだ。夫にもどちらの家族にも、そうしろと言われたことは一度もなかったのに、みずからそうすることを選んだのだ。でも、まったくのアウェーである未知の世界に飛び込むときに、その世界のやり方に合わせていくのは、そこでうまく暮らしていかなくてはという生存本能でもあったのではないかと思う。

とはいえ当時から、自分を型にはめていくことには無理があったのだろう。なぜだか必要だと思い込んで始めた着物の着付けなどの習いごとは全然モノにならなかった。たしか途中で辞めたはずだ。型にはまろうと頑張っていたわりには頑張りきれなかった私を褒めたい。

それでもやはり、結婚前に寺の手伝いに来ると、お茶は美味しく上手に入れられたほうがよさそうだなぁと思ったり、宛名や領収書を書くときは字がきれいなほうがよさそうだなぁと思ったり、はまることのできそうな型を見つけては、そこにはまりに行っていた（というわりには、どれも途中で諦めている）。

服装も、いつもではないけれど、夫の家族が作務衣《さむえ》を着ていたので、なんとなく私も作務衣を着る流れになった（ような気がしていた）。義母が私のために作務衣を準備してくれたりして、私が早く寺での生活に馴染むように、こまごまと気を遣ってくれたことには感謝している。寺に関してまっさらな状態だった私は、そうやって少しずつ目指す方向みたいなものがなかったら、宙ぶらりんになっていたかもしれない。服装に限らず、当時の私は、ご飯、掃除、寺の仕事、何から何まで、何を軸に、どうしたらいいのかがわからなかった。

でも、作務衣を着ると自分が何か違うものになってしまうような、何かを演じているような、心細い気持ちになったのも本当だ。このときの気持ちを何と表現したらいいんだろう。自分が自分とずれていくような感覚があった。

二人の、ではなく寺の結婚式

そうこうしながら結婚式の準備をしていくわけだけど、残念ながら自分たちの好きなようにはいかなかった。僧侶との結婚が、個人と個人の結婚ではないことの表れだろうか。友人や親族だけの和気あいあいとした挙式というわけにはいかず、二人だけでは決められないこともあった。「寺∨一般の家」みたいな構図を私はたしかに感じとっていた。結婚式を挙げるのは二人とも初めてだけど、寺の絡む結婚式に関しては夫や彼の家族しか知らない。寺のやり方はこうだから、と言われたらパワーバランス的にはそうするしかない。細かなことは忘れてしまったけれど、幸せいっぱいで準備をするというより、少しでも自分たちのやり方でできるように頑張ったという感じだった。寺として恥ずかしくない式を挙げることが、その後の滞りない暮らしのために必要なことだったのかもしれない。音楽や花、衣装など、自分たちで決められたこともあったけれど、夫方は参列者を決めるのもひと苦労だったようだし、引き出物も二人で選んだものに加えて、寺からとも思えるようなものを配ることになった。二人の結婚式ではないんだなぁと思いつつ、でも寺だからそんなものなのかなぁとも思っていた。数年前に結婚した友人の、レストランでの温かな結婚式が思い出された。

日本国憲法第24条には、婚姻は対等な個人どうしのものであるとしっかりと書かれているけれど、いま思い返してもあの結婚式は個人と個人のものではなかったし、では両家のものかと言われると家どうしでもなく、「寺の」というのがしっくりくる結婚式だった。

そんな結婚式での祝辞で、印象に残り続けているものがある。他はほとんど覚えていないのに、その一文だけは鮮明に覚えている。それを聞いたとき、それまでに感じたことのなかった違和感を覚えた。参列者からの挨拶の中で、ひとりの僧侶がこう言ったのだ。

「お坊さんと結婚するということは、家族になるのではなく、寺族《じぞく》になるということです」

寺族になる？？？

私の夫の所属する曹洞宗《そうとうしゅう》では、寺に住む僧侶以外の人のことを寺族という。これに関しては後で詳しく書くことにするけれど、簡単に言うと、僧侶と結婚することで妻は曹洞宗の組織に組み込まれる、ということだ。

夫と結婚しただけのはずの私には、自動的に「寺族」という肩書きがついて、以降私はこの言葉に縛られ、踊らされ、苦しめられることになる。

何を着たものか……

お寺で暮らすようになった当初、何を着るかでとても悩んだ。好きな格好をしたらいい、というだけの話かもしれないけれど、私にとっては簡単ではなかった。それまでは家での服装なんて考えたこともなく、楽な格好をすればいいだけだったのに、ここは家であって家ではない。生活をする場でありながら寺でもある。

寺は部屋や空間の使い方が極めて和風で、私が当たり前と思っていた「家」とは違う。長い廊下に高い天井。夏はとても過ごしやすかったけれど、冬は暖房をつけていても廊下や玄関は外と同じくらい寒い。

これまでの生活では廊下や玄関なんて通過点にすぎなかったけれど、お寺の玄関は受付のようなものだし、掃除や部屋の準備などで廊下を行き来する時間も長い。私が冷え性のせいもあるけれど、とにかく本気の寒さ対策をしないといけなかった。あんまり着ぶくれても心地よくないが、そうしないと寒いし、しまいにはスキーウェアか……などと本気で考えたこともある。

日常的には椅子生活だったものの、玄関で対応するときや来客時は正座になることが多く、持っていたズボンの膝があっという間に抜けてしまったのも密かな驚きポイントだった。ズボンって年数をかけて味わいが出てくるものかと思っていたのに、膝がみるみる抜けてしまうなんて、過去にない体験だった。

生活と仕事がつながっているので、ちょっと玄関先を掃除するつもりがその他のところまで目についてしまい、そのまま庭掃除に切り替わっているなんてこともしばしば。庭掃除と言っても、一般家庭の庭とは規模が違うので時間もかかるし服の汚れ方も違う。たんに私がやりすぎてしまう傾向にあっただけかもしれないけれど、やっぱり時間もかかるし大変だ。春夏は雑草やつる草がこれでもかという速さで生えるし伸びる。秋冬はいたるところ落ち葉だらけ。常に目の前にやらなければいけないことがあって、それが視界に入ってくる状態はとても疲れる。疲れすぎて最近は目に入らなくなった。それに温暖化が深刻なので、少しの緑でも生えてくれるだけありがたいとも思う。

そんな生活の中で、寺に来て着るようになった作務衣は、なんだかんだ便利ではあった。上下とも普段着の上から着られるし、仕事着と割り切れば汚れても気にならない。冬用の素材はあったかいし、夏用の素材は涼しくゆったりしていて本当に便利。便利なのだけど、でもやっぱり何かしっくりこない。作務衣を着ると自分が何か違うものになってしまうような気持ちになると書いたけれど、寺に着られている感じというか、自分でなくなってしまう感じ。選び取っているようで選んでいないような、いろいろな気持ちを抱えたまま作務衣を着て過ごしていた。

それでもまあ、汚れていいし楽だし洗濯も簡単だし、自分の服がどんどん消耗してしまうよりはいいし。まぁいっか……という気持ちだった。積極的には着たくないけれど、着ていれば慣れてくるだろうとも思っていた。当時は私のズボラさが少しだけ勝っていたものの、妥協や諦めの気持ちで着ていた作務衣のことは、やっぱりこれっぽっちも好きではなかった。好きでないながら、これなら着てもいいと思える作務衣をカタログやネットで探したりもした。

そのうちに、かわいい！　と思えるパンツに出会った。友人が着ていて素敵だったので、作っている方を教えてもらった。作務衣と同じような形だけど作務衣っぽさはなくて、普段も着られるようなおしゃれなパンツ。生地や色を選んで作ってもらえる。寒いときは重ね着できるゆったりしたサイズ感もとてもよかった。気に入ったものを見つけることができて、それだけで少し自分を取り戻せた気分だったし、それを穿《は》いて気分よく過ごすことができた。

着るものって大事だなぁと思う。他人目線のおしゃれとかおしゃれじゃないとか、愛されファッションうんぬんではなく、自分が納得したものを身につけるって大事なことだ。

私自身、何の知識も思い入れもなかったわりには「お寺のおくさん」という存在に相当な型と思い込みを持っていて、自分を型にはめようとしていたけれど、人からも、自分に当てはまらないことを私のこととして言われることも多かった。「お寺のおくさんだから着物を着ることも多いんでしょ」「自分で着付けられるんでしょ」というのもそうだ。

実家の母からも、お寺は着物を着ることが多いだろうと言われて、箪笥《たんす》に眠っていた着物を送りつけられたりしたけれど、寺に来ても眠りっぱなしで一度も着ることはなかった。着付け教室に行ったりしても結局、自分で着られるようにはならなかったし、実際、着られなくても何の問題もなかった。お寺に来てからの約20年のあいだに2～3回（?）着物を着ないといけないような状況になったけれど、それもいまから考えると着物じゃなくて全然大丈夫だった。

お寺のことで着物を着るときというのは、夫の参加する大きな行事について行くときや、そこで写真を撮るときなど。つまり僧侶の添えものになるときだ。よくよく考えたら、私はただの妻なのに、どうして夫の仕事について行くんだろう……というのもあるし、僧侶がたくさん集うような大きな寺院での法要の場では、妻には何の仕事もない。ただの見学のようなもので、寺の人間のような顔をして行くけれど、結局はお客さんに過ぎないので、言われた場所に言われたように座っているくらいしかすることがない。いま考えると「なぜ」の嵐だ。

ちなみに、お葬式に参列したときなど、お作法に自信のない友だちから「どうやるの？」「真似するから先に行って！」なんて言われることもあるけれど、私はお寺に住んでいるだけで、法事や葬儀があっても妻は裏方をしているので、みんなと同じ程度のことしか知らない。

ある時期、古着の着物を素敵に着こなす友人たちを見て、自分でも着てみたいと少しのあいだ興味を持ったけれど、着物で出歩いていて人に会ったりしたら、「お寺だからね」と言われるのではと勝手に怯《おび》えて、すぐにやめてしまった。もちろん、友人たちはそういうことを言うタイプではなかったけれど、それでも立場だけで「自分ではない何か」を投げかけられるのは、とてももどかしいことだった。着物を着なくなったいちばんの理由は、ただたんに私には難しかった、向いていなかったというものだけれど、もしも私がお寺にいなかったら、もうちょっと気楽に楽しめていたかもしれないなぁ、などとも思う。

信仰心は誰のもの?

前にも書いたように、私はお寺に来るまではお墓参りもほとんど行ったことがなく、同居の祖母の部屋に仏壇はあったものの、一緒に手を合わせるでもなく、そう促されることもなく、仏教とはほぼ縁のない生活を送っていた。身近で故人となっていたのが父方の曾祖父だけだったし、そのお墓が簡単に行ける距離になかったこともあるのかもしれない。

結婚前の私にとって、お盆といえば夏休み。お彼岸といえば祖母がおはぎを作ってくれる日。そういう日に過ぎなかった。なので、お寺に来てみたら、お檀家さんがお彼岸やお盆、故人の命日など折々にお墓参りに来ることがとても新鮮で、世の中にはこんな世界があったのかと驚いたものだった。

夫から、結婚したら私も仏教徒にならなくてはいけないと言われていた。曹洞宗の「寺族規定」という決まりにそう書かれていたからなのだろうけど、それを言われるたびに、そればかりはどうだかわからないと答えつつ、私も曖昧に受け入れていた。たとえ仏教を信仰できなかったとしても、人に訊かれたら仏教徒だと言っておけばよいのだろうし、どうにかなるだろうと簡単に考えていた。それまでの日常に宗教的な要素がなく、意識して信仰を持ったことがなかったからこそ、そう思えていたのだと思う。世の中には、仏教以外の信仰を持ったまま僧侶と結婚した人もたくさんいるのだと、最近になって耳にするようになった。

私について言えば、世の中のことを知らなさすぎて、あまりにも簡単に受け入れてしまったと思うけれど、そうやってなんとなく受け入れざるを得ないというのも、「寺＝よくわからないけど偉い」＞「妻＝寺のことも仏教のことも知らないから立場が弱い」みたいな構図があるからだ。どんなに優しく見識ある僧侶でも、自分の上位性を意識できていない人ってけっこう多いなぁと思う。そもそも、宗教が個人の結婚や信仰に口を出すのがおかしい。私には婚姻の自由も信教の自由も保障されているはずだ。

結婚式も仏式で挙げ、一応は仏教徒ということになった私だけれど、寺に住みはじめたからといってすぐに信仰心が芽生えるわけもなく、だからといって仏教行事的なことをスルーするわけにもいかず、形だけでも参加しないといけない流れの中に入っていった。そうしないといけないと思っていた。

今日は私の休日だと決めて家にいても、来客があれば「お寺のおくさん」として玄関に出ていくわけで、そんな生活にどうにか馴染もうとしたし、周囲からの期待に応えたいという気持ちもあった。少なくとも、温かくお寺に迎えてくれて、優しくしてくださる皆さんの気持ちには応えなくてはと、形だけでもどうにか頑張って、身も心も「お寺のおくさん」にならねばと思っていた。正座をして手を合わせたり、お経を読んだり。形だけでも、それっぽく……。

いま思うと、そんなことはしなくてもよかったのに、経済も暮らしもそこに頼って、誰かのおかげで暮らせているという構造に身を置くことが、どんなに危ういことかといまなら思う。

毎日お寺で暮らしていればきっと信仰心も身につくだろうと思っていたけど、残念ながら（のちに一時的に身についたように思ったものの）、ついに身につくことはなかった。私は信仰自体は肯定しているし、まったく至らないながらも、人としてなるべく善くありたいと思っている。人が自分ひとりで生きることも、人間が人間だけで生きることも無理だし、世界が目に見えるものや説明のつくことだけで構成されているとも思わない。

だけど私には、仏教はしっくり来ることがなかった。先のことはわからないけれど、いま現在もしっくり来ていない。それでも、いまに至る数年前までは、本当によく頑張って、手塚治虫の『ブッダ』を読んだり、道元禅師の簡単な本を読んだり、大きなお寺の法要にひとりで出向いてみたりもした。お作法的なものも少しは覚えようとしたし、お経も覚えようとしたことがあった。でも、こんなに長いこと寺にいて頑張ったものの、お経をひとつも覚えていない。形から入ればいけるかもしれないと、とにかくそれっぽく（の基準がわからないが）続けてみたものの、型にはまることはできなかった。

玄関先などでお檀家さんと話すこと自体は楽しかったけれど、私にも信仰心があると当然のように信じて話しかけられると、上っ面だけの言葉で嘘をついているようで相手に申し訳ない気がした。私は、そういうところは器用になりたくない人間なのだ。

後で触れるように、曹洞宗の僧侶と結婚して「寺族簿」に登録されると寺族通信教育というのを受講することができる。何本かの手書きのレポートを提出して僧侶から添削を受けたり、泊まりがけでスクーリングに参加するというようなものだ。参加は任意だが、もちろん私もレポートを提出しスクーリングに参加した。

スクーリングの中で、全国から集まった寺族たちが、車座でそれぞれの悩みを共有する時間もあった。地域によっては、お寺の人間だからと町のなんでもボランティアのような役割になっていて、自分も仕事があるのに断れなくてしんどいとか、スーパーで買いものかごを覗《のぞ》かれて何を買ったか見定められるのをひしひしと感じるとか、赤いマニキュアを塗っていたら「お寺の人なのにそんな派手にするなんて」と言われた、なんていう声もあった。人目が気になってどこに行っても落ち着かない、家事だか仕事だかわからないことが多くて疲れる、というのは全会一致のような声だった。もう10年以上前の話だ。

私がそこで何を話したかは覚えていないけれど、ほとんど初めて、同じような境遇の者どうしで話すことができて嬉しいと感じていた。スクーリングでの朝の坐禅や、応量器《おうりょうき》という器に盛られた精進料理には、特別で崇高な気持ちになったりして、寺の嫁として頑張っていかなければと思ったものだ。

「お寺のおくさん」になると、時にこんなふうに、寺の人間でないとできない体験や、普通は行けないようなところに行くことができる。何の思い入れもなかったわりには、それらを誇らしく感じたりしていた。また、地域で行うような仏教行事に僧侶とともに参加すると、いつもの私なら受けることのない待遇（表現が難しいが、何もしていないのにステージが上がった感）を受けることがあり、優越感というか、自分が特別な人間のような気持ちになる瞬間がたびたびあった。それって何だったんだろうと思うことがある。

私の場合は、家にいてもそこが自分の居場所と思えず宙ぶらりんな状態でいたので、そうやって特別感を感じることがせめてもの見返りというか、自分が特別だと思える何かにしがみつく必要があったようにも思うし、ただ優越感が気持ち良かっただけのようにも思える。お恥ずかしい話だけど、書き留めておきたい。

お寺は私が1年365日のあいだ身を置くところだし、「私」じゃなく「お寺のおくさん」として扱われることが急に増えたから、自分の立場と内面を一致させておきたかったのかもしれない。そうでないと居心地が悪かったし、熱心にお寺に来るお檀家さんにも自分にも嘘をつきたくないという気持ちもあった。だから本を読んだりお作法を覚えようとしたりし、寺族通信教育も頑張った。「お寺のおくさん」になるため、結婚してあまりにも変わった環境を、少しでも安心していられる場所にするために。頑張ったわりに、その成果はほとんど自然消滅ではあったけれど。

したいことをするときの頑張りと、したくないことをするときの頑張りは、同じ「頑張る」でもまったく別物だ。心身への負荷が違う。あの頃は「お寺のおくさん」になろうと頑張ってはいたけれど、気持ちがついてこなくて、自分ではない自分を自分だと思おうとして、心の奥底から望んでいるわけではない姿を目標にして、いつもどこか地に足のつかないまま、前向きを装って無理を重ねていた。

お寺での日常

お寺での生活は、これまでとは180度、細かなところまで全部が違うものだった。私のお寺での暮らしは、夫の家族やその生活の中で暮らしていくことでもある。それまで気づかなかったけれど、同じ日本国内でも、そして実家とそんなに距離の遠くない場所でも、生活の仕方って全然違う。住環境も違うし、話の内容もトーンも違う。同じ食材を使っていても、作られる料理の味付けも違う。何から何まで全部違う。思えば、仲のいい友だちの家に行ってもそうだったし、それがとても楽しかったりもした。でもそれは、たまに遊びに行くから楽しかったんだよね……。

お寺に暮らすようになってからのことをこうして書いていると、ずっと心細くて仕方なかったんだということにいまさら気づいて、胸がキュッとしてしまう。かろうじて日本語は通じているけれど、言葉の使い方も意味も、何もかも違う感じ。簡単に比べられることではまったくないけれど、国際結婚のほうがまだ諦めがついたかもしれない、などと当時は思っていた。

朝起きて台所に行く。法事がある日などは、僧侶の格好をした人がいる。それだけでもだいぶ慣れない風景だ。朝の台所って、髪ぼうぼうでパジャマで行くところじゃなかったの？　寺に来てそれがなくなった。

住んでみてとても頭が混乱したのが、生活のすべてが「寺」と「家庭（イエ）」がごちゃまぜで、境い目がないということだった。当時はそれを言語化する術《すべ》などなく、ただただその中で混乱しながらも、どうにか毎日を送っていた。混乱していたと気づけたのも相当後になってのことだ。

朝起きて台所に行く。食事の準備をする。家族揃って食卓を囲んでご飯を食べる。その前に、本堂にお供えするお茶を淹《い》れる。本堂でお釈迦様に手を合わせる。これだけ書き並べると、なんて美しい営みだと言えなくもないけれど、私はいつも落ち着かなかったし、手を合わせることだって型をなぞっていただけだった。形だけでも続けていれば、いつか心から手を合わせることができるのではないかと思っていた。でも、そんなことはなかった。

一日がそんなふうに始まって、今度は掃除や洗濯をする。家事をしていても電話がかかってきたり来客があったりする。家と寺との境がはっきりしていないので、家の掃除も寺の掃除もごちゃまぜだ。「家事」をしているはずなのに気づくと「寺の仕事」をしている。慣れたことは一度もなかったけれど、それでも慣れないといけなかった。

お寺は広い。部屋が多いし広いので、掃除機をいくらかけても終わらない。信仰心とは違う意味で心を無にしてひたすら掃除機をかけるしかない。延長コードの尊さに気づいたのも寺に来てからだ。寺の掃除をするときは延長コードなしではとても話にならない。その延長コードも長くないと無理。ちなみに、外の掃除にも延長コードは欠かせない。落ち葉用の掃除機や高圧洗浄機を使うときに使用するのだけど、そういうときはコードリールというぐるぐる巻く式の延長コードを使う（いま調べて初めて名前を知った）。昔、学校の文化祭なんかで見たようなものだけど、日常で使う日が来るとはまったく思っていなかった。

ちょっとしたパソコンを使った事務仕事（寺では寺務と言う）を手伝うようになって、最初の頃に困ったのが文字の変換である。お寺の名前や僧侶の名前、聞いたこともも見たこともない仏教用語。ただ打ち込んだだけでは絶対に変換候補に出てこない。たとえば「ざぜん」と打ったら最初に「座禅」が出てくるけれど、曹洞宗では「坐禅」と書く。「寺務」と書きたくて「じむ」と打てば「事務」、「じぞく」なんて「持続」と出てくる。変換候補に出てこないから登録していく。僧侶の名前もだいたい候補には出てこないので一文字ずつ入力&登録する。

手紙を出すときなどに普通は「～様」というところを、僧侶のあいだでは「～老師」という。「先生」のような意味で使われているのだが、最初の頃は、うちの夫、老師っていう年齢じゃないのに？と不思議で仕方なかった。

玄関や電話に出るために走るのも当たり前。何しろ広い上に、いつも玄関や電話の近くにいるわけでもない。配達業者さんによっては、呼び鈴を押してすぐに出ないとあっという間に諦めて行ってしまうので、外に出て追いかけるようなこともあった。外から見た時間感覚だとそういうものだろうと思うけれど、毎回もどかしくもあった。こちらとしてもなるべくお待たせしたくないので、ご飯中に呼び鈴や電話が鳴ったら、一度口に入れたものを出してから走るなんてこともあるあるだ（汚くて失礼……）。

オンとオフのはっきりしない、気の抜けない場所。

「寺・僧侶＝（よくわからないけど）偉い」＞「妻＝寺のことも仏教のことも知らないから立場が弱い」というような構図が生活の全般に横たわっていた。とくに、当時住職だった義父にとって私は嫁というよりも「弟子」なのかな？ と思うようなこともよくあった。似たような構図の中で暮らす人には、きっとピンと来るのではないだろうか。実家の父親はただ父親だったけれど、ここでは父親でありながら寺の長としての僧侶でもある。夫たちの世代は、さすがにそこまで色濃くはないけれど、たまに同じような意識が混ざっているのを感じた。

それまでは考えずにできていたことに頭を使うようになり、気にしなくてもよかったことを気にするようになった。遠慮しなくていいようなことも遠慮するように日々学習していった。生まれてからずっとそこで暮らしてきた人には当たり前のことかもしれないけど、私にとっては日常での小さなことが引っかかりの連続で、知らないうちにそれは確実に心身に蓄積されていった。

自分の職業がわからない

職業欄に何と書くか。これは結婚してからずっとモヤモヤし続けていたことだ。何かと出くわす職業欄だけど、何を選んでもしっくり来ない。そのしっくり来なさが「寺族」の正体をよく表していると思う。「寺族」というのは、寺の中では通用するけれど、困ったことに一歩寺から出るとこの二文字が肩書きになることはない。一般社会では実態のないもの。それが「寺族」だ。

業務内容としては専業主婦がぴったりのような気がするけれど、専業主婦にしては業務が多い。朝食を作りながらお寺の本堂に供えるお膳を作るとか、家の掃除をしているうちに寺の掃除をしているとか、やっていることは家事の延長の量がものすごく多いバージョンだ。かかってくる電話はほとんどが寺関係のものなので、電話に出るのも仕事。住職や家族が出かける場合に、寺が無人にならないように留守番をするのも仕事だ。

やっていることは専業主婦なんだけど、夫と役割分担をした結果としての専業主婦というよりも、住職にしかできない仕事以外をいつでも何でもサポートする住み込みの使用人というほうが気持ち的には近い。もちろん家族としての時間もあるので、24時間使用人というわけではないけれど、オン・オフがないので、家族の時間だったはずが急に使用人になることもある。

職業欄と向き合うときに、いろいろと考えるのも面倒なので「自営業」を選ぶことがほとんどだけれど、お寺は実は家業ではないので自営業ともまた違う。

とにかく、自分の仕事に社会的に通用する名前がないこと。専業主婦なら専業主婦だと胸を張って言えるのに、それ以上のことをしていて専業主婦だと言ってしまうのは、なんだか妻帯仏教の仕組みに丸めこまれているみたいで悔しい。ある人からは「大きな家と大きな庭があって、のんびり家にいられていいね」と言われ、ある人からは「毎日早起きして、ずっと掃除をして大変だね」と言われる。どれも寺のイメージであって私のことではない。そんなときに、自分の状況をどこからどう説明したらいいのか、いつも悶々としていた。

そんなふうに自分の状況にモヤモヤしながら、それでも私は自分のことを「お寺のおくさん」だとか「寺族」だと名乗っていた。寺に住んでいて、寺を仕事の場としていたし、しっくり来ないながらも、これを私のやるべきことに設定しておかないと落ち着かなかったから。自分の居場所をつくるために、私にできる方法で「お寺のおくさん」や「寺族」としてできることを精一杯やろうとした。簡単に言うと、住職にしかできない仕事以外の雑務だったり、境内の掃除だったり、植木屋さんが来ないあいだに伸びすぎた植物の手入れだったり、ホームページの更新といった広報的なことだ。それをすることで私が「お寺のおくさん」でいることに意味を見出せる仕事、である。

まぁでも、やりがいの有無にかかわらず、いちばん重要な仕事は留守番だと思っている。私のいる寺もそうだが、いつ人が来ても対応できるように、かならず誰かしらが居るようにしている。1年365日24時間、と言うとさすがに大袈裟ではあるけど、住職にいつでも仕事が入っていいように留守番することが寺族の仕事だ。

他にも家族がいるし、どうしても必要な用事や大事な約束は前もって予定に入れておけば大丈夫だけれど、それでも何となく、自分の予定が自分だけのものじゃないのは落ち着かない。たまにうっかりカレンダーを確認し忘れて、出かけられない日に予定を入れてしまってキャンセルの連絡をするときなどはちょっぴり凹《へこ》む。カレンダーを確認して行ったのに、帰って見たら予定が変わっていた日に至っては、地味に打ちのめされてしばらくフリーズ。ずっと以前は、出先で友だちと予定を合わせるときに「夫に確認してみないと……」と口走りまくっていた。夫に確認しないと予定さえ組めないなんて。それもこれも、家族で暮らしていながら、僧侶である夫の仕事が入れば家庭が寺に切り替わり、そちらが優先されるから。さすがに最近はそういうことはないけれど。

カレンダーに予定を入れるときには、何時頃出かけて何時に帰る、あるいは一日中いない等と書いておいて、家族で調整しあってうまく回している。だけど、いつも家族に予定を共有することと自体が嫌になることもある。お互い様だとは思うけれど、たしか誰も予定が入ってなさそうだったから出かけようかな、などと思っても確認するとすでに埋まっていたりする。出かけようと思ったらまず確認を取らないといけないいし、午前と書いて出かけたけれど午後にも長引きそうなときは連絡して確認を取らないといけない。その確認をするちょっとの手間が地味に疲れるし、もともと疲れているときはとくに億劫《おっくう》に感じて、それが面倒であまり出かけなくなる期間もある。

おもしろそうなイベントを見つけた、天気もいい、時間も空いてる！　よし、行ってみよう！という思考回路は、ここに来てから長らくのあいだない。いつだって「いま出かけられるかな」と考えて、いま出かけても大丈夫かと確認を取るのだ。子育て中は子どもの予定で自分の予定が左右されることも多かったので、そんなものかと思ってあまり気に留めていなかったけれど、子どもの手が離れたとき、自分の予定がまだ人の予定に左右されていることに気づいて呆然とした。

自分の予定も子どもの予定もなく、身体は空いているのに出かけられない日。留守番の日。とくに家ですることがなくても、寺＝家にいないといけない。ある意味、空き時間なので良いような悪いような。その時間を有効活用しよう！　などとポジティブ変換していたこともあるけれど、問題の本質は何ひとつ変わらないので、時間が経つほどに、やっぱり違う、こうじゃないという気持ちが溜まっていく。留守番という仕事は、私にとっては主体性がないもの。それに気づいたときはなんとも言えない気持ちになった。

子どもが小さかった頃のこと。朝起きて、今日は天気がいいから公園に行こうか？　などと部屋で盛り上がることがあった。でもカレンダーを確認すると、前の晩のうちに予定が更新されていて「ごめん、出かけられない」なんていうこともたくさんあった。とても小さなことかもしれないけれど、大失敗をしてしまったような気持ちになって、とても悲しかった。そういうひとつひとつの積み重ねが、私はここでは無力なんだという小さな意識の積み重ねになっていったようにも思う。

買いものひとつ行くにも、私の頭の中は「今日は買いものに行こう」ではなく「今日は買いものの行けるかな？」なのだ。「ちょっと散歩に行こう」ではなく「いま散歩に行けるかな？」なのだ。出かけて大丈夫かを訊いて、大丈夫だったら出かけられるし、そうでないときもあるし、何時からは急に予定が入ったから何時までは大丈夫などと、いろいろなパターンがある。
もちろん、私の大事な用事は前々から予定に入れておくから、全部が全部、許可が必要なわけではない。家族みんなで協力して予定を調整しあっている。きれいに言えばそうなる。でもやはり、大袈裟に聞こえるかもしれないけれど、出かけるには「許可が必要」なのだ。ぱっと思いついて、誰の許可も取らずに、思いついたままに出かける。ただそれだけのことがしたい。とても！！！

あるとき、寺族の集まりでどなたかが挨拶する中で、「私たちがこの場に集えるのは、方丈様《ほうじょうさま》（曹洞宗の住職の呼び方のひとつ）が留守番をしてくださっているからだ」と言った。面倒だし、嫌だなぁと思いながらも、よき寺族であろうという気持ちを持ってその集まりに参加していた私だけれど、「いやいや、いつも私たちが留守番してるから、方丈様たちが仕事で出かけられるのでは！」と気づいたのはそのときだった。

心のバランスが崩れてしまった

私が住んでいたのは「家」ではなく寺だった。住職・寺族問わず、寺に住む人たちのわりと誰もが「寺は家ではない」と言う。寺に住み込みで食事の支度や掃除洗濯の仕事をしているような生活で、しばらくすると子育てがそこに加わった。

一応それでも、私がいるのは家だと思っていたのだけれど、寺での生活には自分のペースというものが存在しないし、職場も家庭も全部一緒でオン・オフがはっきりせず、気の休まる時間がなかった。役割も「僧侶の妻」であり「寺の嫁」であり「家の嫁」だった。

当時はそんなことを考える余裕もなかったし知識もなく、とにかく毎日の暮らしで精一杯だった。いまこうして書きながら、心からホッとできる時間があったかと考えてみると、電話も来客もなく、みんなが寝ている夜中がそういう時間だった。夜中にお菓子を食べながら何も考えずに海外ドラマを観る時間。とくに覚えているのが『ビバリーヒルズ青春白書』で、内容ははっきりと覚えていないけれど、昼間の緊張感から一転、ドラマの中のできごとのぐしゃぐしゃなどうしようもなさが救いで、あの時間が唯一、家でホッとできる時間だった。でもそれも、一度だけだが近所の人から「お寺の人だよね。夜遅くまで起きてるんだね」と言われたのが気になってしまい、それからは部屋の電気を消してテレビだけつけるようになった。

結婚したばかりの頃は、いまよりもっと昔の慣習が残っていて、電話のかかってくる時間も早朝から深夜までまちまちだったし、たまに家族の留守中に義父の知り合いがひょっこりと遠方からアポなしで訪ねてきて、ひとり家にいる私が対応するしかなかったりと、私のそれまでの暮らしではありえないことがたくさん起きた。夫はその頃まだ副住職で、外で仕事をしていたので、ありえないことにひとりで驚いて、ひとりで悶々としなくてはならなかった。

子どもができてからは、お昼寝の時間に、何時間もかかってやっと寝かしつけられたと思った瞬間にチャイムが鳴るなんてこともよくあった。だだっ広いお寺で、一度部屋を離れたらどれだけ時間がかかるかわからないのに子どもを置いていくのが怖くて、寝たばかりの子どもを抱っこして玄関に出たりもした。私も疲れてナーバスになっていたので、その時期はけっこう精神的にきつかった。

でも、私が驚いたり疲れてしまうようなできごとの数々は、お寺単体だったら普通にありうることなので、誰かが悪いわけではない。とにかく、家なのか寺なのかがはっきりしないことが大変だった。自分の住んでいる場所が物理的にも精神的にも落ち着かないので、たまに実家や友人の家に行くと、建物や壁で外の世界からしっかりと守られているような安心感を覚え、お寺に帰るのが憂鬱《ゆううつ》になったものだった。

過去の私もそうだったように、「お寺」という言葉には、そこに住む人に対しても何かしらのイメージを持っている人が多い。人と話していて、うっかりお寺に住んでいるなどと言うと「すごいね」「広くていいね」などと言われたり、「お寺」と口にしたとたんに私を個人として見てもらえなくなるような気持ちになることがよくあった。

もちろん人によるので、親しくしていた友人は、しんどいときには遊びにおいで、とか、買いものに行ってきてあげるよ、などと言ってくれていた。そんなふうに個としての私とつきあってくれる友人も、いまはたくさんできたけれど、寺に来たばかりの頃は「私なのに私じゃない」という感覚を覚えることがよくあった。人と話していて、何度伝えても相手は私のことを「お寺の人」として話し、なるべく「ただの私」として話そうとする私と認識がずっとズレたまま、微妙に話が噛み合わないことがあった。そういうときはもどかしいし、頭が混乱したし、少し寂しかった。

ただ、いまもずっとつきあってくれている友人たちには、当時自分も何か言っていなかったかと心配したりしないでほしい。あの頃は私自身も「お寺のおくさん」にならなくてはと気負っていたし、自分を見失っていたのだ。

結婚してから出会った寺族さんたちの献身的なようすを見たり、人から「お寺って〇〇だよね」と言われるたびに、私もそうしなければいけないのかと思って、どんどんがんじがらめになっていった。「お寺のおくさん」のロールモデルといえば、慣れないながらも寺の仕事を覚えて、僧侶の夫を支えるような人しか見当たらなかったから。

そのうちに夜に眠れなくなってきた。たまに寝つきが悪いくらいはよくあったし、子育てで疲れているんだろうと、あまり気に留めずにいたのだけれど、実家の母と電話していて最近眠れないと話したら、すぐ病院に行くようにと強い口調で言われた。その頃は毎日のように近所の公園に子どもを連れて行っていたのだけど、眠れていなかったせいか、少し前までなんともなかった距離がしんどくて、公園に行くのにも頑張らないといけない状況だった。それでも、土地勘もなく近所に友人もいなかった私には、公園でママ友と話す時間が息抜きできる大事な時間だったので、少しくらい体調が悪くても行きたかった。自分のために。

眠れない状態がずっと続くと、さすがにまずいかもしれないという自覚も出てきて、最寄りの病院に行って診察を受け、薬をもらった。たしか軽めの睡眠導入剤のような薬だったか。飲むと自然に眠りにつくことができて、そのあいだは気持ちも体も少し楽になるのがありがたかった。

それでも精神的にどんどんきつくなってきたので、市報に掲載されていた女性向けのカウンセリングにも行った。実は、この辺のことは時間軸やできごとの記憶が曖昧なのだけど、初めてのカウンセリングでは、私がお寺の生活をつらいと感じていることなど、誰にも相談できずにいたことを話してみた。ひと通り私の話を聞き終えると、カウンセラーさんは、同じような悩みで相談に来るお寺のおくさんが少なくないのだと教えてくれた。お寺でうまくやっていけなくて苦しいのは私だけだと思っていたので、他にもそういう人がいるらしいと知って少し安心した。

寝つきが悪いのに加えて、寝ながら叫ぶ自分の声で目が覚めたり、気づくと泣いていたり、気持ちの持っていきようのない中で、どうしたら寺から離れられるかばかり考えるようになっていた。夫も心配して、寺から出ようと言ってくれたけど、そんなことは私にはできなかった。私が寺を出たら、どれだけの人に何と言われるか。夫もいろいろ言われるんじゃないか。だったら私が我慢すればいいじゃないか。でもやっぱり、ここからいなくなりたい。どうやったら死ねるか。そうしたら全部終わるのに。でも子どももいるし、そんなことをしたら親も悲しむし、死ねない、死にたい。でも死にたくない。そんなことばかり考えていた。

そうなって初めて心療内科に行った。心療内科では軽度の鬱病《うつびょう》だと言われた。その頃のことは不思議とほとんど覚えていない。治るまでにある程度の時間がかかったはずなのに、どれくらいの期間、どうやって病院に通ったのかも、どうやって回復したのかも。ストレス源からいっさい離れずにどう回復したのだろう。いま思うと、そういう記憶のない期間が一度ではない気がしてきたので、ここに書いたことも両方が混ざってしまっているような気もする。これが家族でなく職場で起きたことなら、しかるべき対策も取れたのではないか……と、いまになって思う。

お寺の運営講座を受けてみた

その後、いつの間にか鬱症状も改善し、子育てもほぼ落ち着いてきた。ママ友だけだった交友関係から、近隣のイベントなどで知り合った友人もでき、私の活動範囲も広がっていった。それでも、やはりお寺に自分の居場所を見つけられずにいた私は、あるとき寺の運営講座を受講してみることにした。運営方法を学べば、より主体的に寺にかかわることができ、寺を自分の居場所にできるかもしれない。胸を張って「寺族」だと言えるかもしれないと思ってのことだった。

運営講座は約1年にわたって、全国数か所の都市ごとに開催される。宗派を問わず、住職や副住職、そしてその家族など、寺院運営にかかわる人間がともに学ぶことができるというもので、私のように夫が僧侶だという女性も参加していた。

それまでにも、寺という場所を利用して、私の興味のあるテーマでイベントを企画することがあった。それが寺にもプラスになるように還元していけたらいいと思っていたのだけど、結果として、私がイチから企画したことも意図せずして「お寺のイベント」として広まったり「お寺のおくさんがやったイベント」になってしまうことに、少しチクチクしたものを感じていた。

私って目立ちたがりなんだろうかとか、私の心が狭くて偏屈なのかとか、モヤモヤが噴き出る一方で、私がやったことを「私がやった」と言って何が悪いのかという思いも湧いてきたりして、ひとり脳内でぐるぐるしていた。

これが寺の住職だったら、何をするにもそんなふうに引っかかりを感じることなくいられるだろう。それならば、宗教者になるとかでなくても、せめて僧侶と肩を並べられるようなポジションになってしまえばよいと考えたのだ。ちょっとやり方が極端だったかもしれないけれど、いくら居ても私の居場所になる気配のない寺で、いくら働いても「これが私の仕事だ」と言えない状況で、気負いなく自分でいられるようになりたかった。

結果としては、この講座を受けたことが「お寺のおくさん」という存在そのものへの疑問につながっていくのだけれど、お寺のことが好きで、お寺や地域に貢献したいと思う人にとっては、とても良い講座だったと思っている。いまの私は当時と考え方が違うけれど、それでも受講してよかったと思っている。

そもそも組織運営を学ぶなんていうことが初めてだったので、講座の中で具体的に寺の強みやブランディングについて考え、自分のいる寺の現在地を探り、予算や人員などの面でできることとできないことを整理して、その中で自分が何がしたいか、何ができるかを考えるというようなことは、その後無理なく寺にかかわる上で、とても役に立った。

講座の参加者は、皆それぞれ住む地域や寺の成り立ちや規模、そして寺での立場が違って、町の寺とひとことで言っても、悩みや周囲の理解、地域性によって課題が全然違うのだと知ることができた。参加者は圧倒的に男性が多かったけれど、女性の参加者からはやはり周囲からの理解度の違いを聞くこともあった。

地域格差や経済格差、少子化など、寺にも確実に日本社会の縮図が反映されている。自分の住む地域の人口減少について調べたり、統計資料や他の参加者の発表などから、お寺の持続可能性なんていうことを考えたのも、これまでにはない経験だった。身近な地域や同じ宗派のお寺のことしか知らなかった私が、さまざまな地域や宗派のことを知ることができたのも、視野を広げるきっかけになったと思う。ただ、私にとっては「いままでのように外から嫁を迎えて手伝ってもらおうとか、子どもに継がせようとか言ってる場合ではないのではないか」と疑問を抱くきっかけにもなった。

寺と言っても私の知っているのはほんの狭い範囲のことで、妻がかかわらなくてもやっている寺はいくらでもあるし、宗派や人によって、運営の仕方もさまざまだとも知ることができた。

この場では、受講生は性別や立場を問わず対等に話すことができた。同じ宗派の中では日頃それもなかなか難しいのでとてもよかったけれど、根本的に仏教への関心が薄いため、懇親会などで仏教的な話になると、もう帰ろっかなーとなり、やはりここでも何やら居心地の悪さを感じていた。

2か月に一度、約1年間にわたる講座では事前課題と事後課題があって、課題をこなしながら自分の立場でできることを探っていく。だけど、掘り下げるほどに私の仕事は「僧侶にしかできないこと以外の雑務」だということがはっきりとわかってきた。薄々わかっていたけれど、寺族としての私は寺や僧侶をサポートする役回りなんだとはっきりしたのだ。

講座の中では、自分の寺の強みや、自分ならではの強みを考えることもした。そこで例に挙げられた僧侶の妻の強みのひとつに「玄関に出ていくと場が和らぐ」というものがあった。その頃の私自身、場を和らげて僧侶とお檀家さんの距離を縮めることは大切な妻の役割だと思っていた。実際に、玄関に出ると直接「住職さんだと緊張しちゃうから、あなたに話すわね」なんて言われることもよくあったし、なるべくリラックスしてもらえるよう私も心掛けていた。というか、それって女性に限らず当たり前じゃないのか？ という心の声はさておき、いま思うと相当にズレていた。

ちなみに仏教の世界では、お寺ではない家から嫁に来ることを「在家《ざいけ》から来た」と言うことがあるけれど、「在家ならではの外からの視点を取り入れる」なんていうのも妻の強みとして語られていた。もちろん私もそれが強みだと思っていた。難しい言葉を柔らかくする、お寺と無縁で暮らす人の感覚を指摘する。それは在家出身の私にしかできない、みたいな。

自分の役割は僧侶である夫の補佐で、玄関先で場を和らげ、お寺への心理的物理的ハードルを下げて、お寺や仏教を身近に感じてもらうことこそが私のミッションだと信じていた。加えて、自分の興味や得意なことも寺で活かしていけたらラッキー、という場所に落ち着いて、講座の最終回となる事業計画書の発表に向けて、猛烈な勢いで内容を詰めていったのだった。

講座を受講しはじめて、並行してとりかかったのが寺のホームページを作ることだった。寺での催しや取り組みを知ってもらい、親しみを持ってもらえることを目指した。ホームページ制作そのものはプロにお任せして、管理や広報関係を私が担当することにした。お知らせのための文章を考え、写真を撮り、機会があれば自分の言葉でブログを書いたりもした。

そんなふうに、運営講座を受けてから自分なりのやり方でお寺の運営にかかわることができるようになり、やりがいを感じるようにもなってきて、寺の中に少しずつ自分の居場所ができていくような感覚があった。

だけど同時に、やっぱりそれは自分ではない何かを軸に動いていた。主体性を持って自分で考え、自分の言葉で表現していたはずなのに、その中心にいるのはやっぱり私ではない。おかしな感じだった。とても充実しているはずなのに、自分の何かを置き去りにして前を向いているような落ち着かなさがあった。

私はもともと書くことは好きで、お寺のブログに関しても書きたいように書いていたけれど、自分の言葉とは少し距離があるような感じもしていた。心から湧き上がってきたことを書いているのとは違うし、言葉の選び方も、いつもとは微妙に違うものになってしまう。普段通り自分の言葉で書くという選択肢もあったけれど、寺のブログでそこまで自分を出すのも違うと思ったし、そこまでさらけ出すのも違うと思った。

それまでよりはるかに積極的にお寺の運営にかかわりつつ、それでもまだ残る違和感を自分の中でこねくりまわしているうちに、うまく言語化はできなかったけれど、寺での自分の居場所のなさや、家事労働と寺の仕事の境のなさ、そもそもどうして「在家」から来た「嫁」は寺に馴染んで寺や僧侶をサポートしないといけないのか、僧侶の妻ってなんだ? とか、私の軸はどこにあるのか……などなど、次々に疑問が湧き上がってくるようになった。

2章　「私」に帰る

モヤモヤの正体

お寺にやってきてからというもの、なんだかずっと落ち着かなくて、身体から緊張が抜けることがなかった。実家や友人の家に行くと、「家」ってこういうものだよなぁと身体が思い出して、緊張が解けるのがわかった。寺にいると、いつ来客があるかわからないし、ひっきりなしというわけではないけれど電話も多い。家にいながら急に仕事の空気になったりもする。これだけ書いてみると、全然許容範囲のことではある。お寺なんだから当たり前だし、どうってことない、かもしれない。だけど、やっぱり私がいるのは「家」ではないのだなぁと思う。ずっとこの生活が続くのかと思うと閉塞感に襲われる。

同時に、こう書いていると「大きな家で暮らせていいね」とか「家で仕事なんていいね」など、自分ではいいと思っていなかったことを「よかったね」と言われたことが思い出されてくる。そういう言葉を思い出すといまも、こんなふうに不満に思ってはいけないのだろうかと思ってしまうことがあるし、書くことも躊躇《ちゅうちょ》するときがある。でも、このオン・オフのない寺の大変さは、同じ立場の友人と話していてもよく話題になったし、長くこういう暮らしをしている人からも聞くことがある。

そういう原因がわかっている大変さにも、わけもわからずモヤモヤしていたことにも、どうにか自分の考え方を変えて適応しようと努力した。大変さを「お寺あるある！」などと楽しげに言ってみたり、モヤモヤを「うんざり病」と名付けて、波が去るまでやり過ごそうと工夫していた。でも、家でもある場所にいるのに、努力して居心地がよくなるよう工夫しないといけないというのは、いま思うとおかしな話だ。

そして徐々に、この居心地の悪さこそが構造の問題だったとわかりだした。職業欄で「自営業」にチェックをつけてはみるけれど、しっくり来ない理由。家であって家ではないこと。家族だけど家族でないこと。家の中にヒエラルキーが生じてしまうこと。僧侶と結婚したのだから、お寺に「入り」順応するのが美しいとされていること。そうしないといけないような気持ちになってしまうこと。

でも、そんなのはおかしい。お寺は本来、妻なんかいなくても、家族経営じゃなくても成り立つものなのだ。妻帯仏教という、世界でも稀なものを、あたかも伝統や慣習のように扱っていることが、私が感じてきた違和感の原因なのではないのか。

結婚式が自分たちのものでなかったような感覚や、家がリラックスできる場所でなかったこと。気づきの小さな種は生活の中にいつでもあった。自分の思っている「家」と、実際に私の住んでいる「家」のずれ。お寺であってもなくても、それぞれの思う「家」が違うのは当たり前。育ててくれた親とだって、離れてみれば描いている「家」も暮らし方も違うことがわかる。寺というまったく未知の場所に、違いがあるとわかっていて結婚したのだから、昔の価値観だったら嫁の私が仕方ないと諦めるべきことだったのかもしれない。

それでも、対等な立場で結婚したはずの私が、寺に合わせていくことのほうが格段に多かったのはなぜだろうと考えると、寺に横たわる、家父長制をなぞった仕組みそのもののせいだと感じる。「寺に嫁ぐ」とか「寺に入る」とか「寺の嫁になる」という言葉が、いまでも当たり前のように使われていることからも明らかだろう。家族であっても、夫であっても対等な関係にはならない。対等なようでいても、何かのときに「お寺だからしょうがない」などと言われたら、それ以上主張する気にならなくなってしまった。

前述したように、寺の営みは家業と勘違いされることが多いけれど、うまい具合にそう見えるよう演出されているだけで、本来、仏教そのものは家族がつないでいくものではなく、志ある仏《ぶっ》弟子《でし》たちがつないでいくもののはずだ。寺が家業に見えるということは、妻という「在家」（寺ではない一般家庭）からやってきた人間を、弟子ではない「寺族」として寺に組み込みながら、実際には弟子のように扱うことに成功しているからではないのか。僧侶に代わって仏教行事は行えないが、それ以外のことは弟子のようにやってくれるのが「妻」で「寺族」という存在だ。

自分で履歴書を出して選んだ仕事だったら、どうしても向いていなければ（簡単にとはいかなくても）変えることができるのに、寺では一度組織に組み込まれてしまうと変更がとても難しい。おまけに、寺の中で仕事をしていても、その内容は寺でしか通用しない。何かを極めていればいいのだろうけど、仮に履歴書を書くことになったときに何と書いたらいいんだろうと考えてしまう。「寺院勤務」などと書いたところで、またまた「お寺眼鏡」をかけられてしまうかと思うと書くのを躊躇する。悩ましい問題だ。

家のふりをした宗教組織

「お坊さんと結婚するということは、家族ではなく寺族になることだ」。結婚式でそう言われたときは、強烈な違和感を感じつつも、まだあまりその意味にピンと来ていなかった。実際に寺で暮らすようになってからは、そのときの言葉の意味を考える暇もなく、寺の生活に慣れるのに必死の毎日だった。数々の試行錯誤を重ねた末に、「お寺のおくさん」として生きていこうと思っていた頃には、これが「家族ではなく寺族」というやつかと、わりと感慨深い気持ちで受け入れるようにもなっていた。

物理的にも精神的にも家庭とつながった寺という場で暮らしていると、そこに強烈なヒエラルキーが存在することに気づく。私の場合、ただただそこに馴染まなければという思いに駆られていたので、ヒエラルキーだなどと言語化できていたわけではなく、わかっていたような、わかっていなかったような感じだった。何しろ朝から晩までそのヒエラルキーの中にいるし、自分もその中で家族であろう、寺族であろう、このイエのやり方に馴染んでうまくやっていこうと思っていたのだから。

寺でのヒエラルキーのトップは、もちろん僧侶だ。寺においては、僧侶であるというだけでヒエラルキーの頂点に存在することになる。仕事の主軸となれるのは僧侶以外にいないのに加え、同じメンバー構成で同じ場所で生活していたら、家族としていくら対等でいようとしても、どうしてもヒエラルキーが発生してしまう。袈裟を着ている時点ですでに優位な立場に見える。本人がどれほど優しかろうと、偉そうでなくても、僧侶の仕事が優先されることに変わりはない。

寺での私の仕事は、僧侶の補佐、寺の運営の補佐である。人によっては、僧侶の妻となったことで、自分の得意なことやそれまでの仕事、または信仰心が寺の仕事とマッチすることもあるだろう。でも、寺の構造の中においては、いくら寺族が主体性をもって運営にかかわったとしても、「補佐」であることには変わりない。「家業」だからそういうもの。誰かが仕事のメインとなって、その他の家族が支える。まあ、そういうスタイルもあるだろう。

でも、私も勘違いしていたのだが、お寺の仕事は決して「家業」なんかではない。観光名所になっているような大きな寺院で、僧侶の「妻」が働いているのを見たことがあるだろうか。そのような寺を率いる住職の子どもが、代々住職を世襲するのを見たことがあるだろうか。他宗派のことはわからないけれど、少なくとも曹洞宗の大きな寺院には、修行僧や従業員として働く僧侶がいるので、妻は必要ないのだ。

しかし「町の寺」にはそういう人がいない。宗派の本部は、僧侶の妻に「寺族」という肩書きを（任意ではあるけれど）与え、あたかも宗派の正式な構成員であるかのように扱う。僧侶と結婚し、後述する安名親授式《あんみょうしんじゅしき》という儀式を経ると、寺族は寺族簿というものに登録される。しかし実際には、結婚したその日からすぐに寺族として周囲からも扱われて過ごすので、私自身に関しては、寺族登録の前後の境もとても曖昧なものだった。

寺族になると地域ごとに勉強会や親睦会が開かれたりもする。また1章で触れたように、寺族通信教育を受け、数回のレポート提出とスクーリングを終えると「准教師」という資格が与えられる。これによって寺の役員になることができたり、住職が死亡した場合などにも多少の保障があるというものだ。

多くの町の寺は、宗派の決定機関である教団に登録している。そうした寺の土地や建物は教団のものなので、私有地でも私有財産でもない。もしも住職に何かあった場合、「寺族」は寺に居る意味のない人間になる。「准教師」という資格は、そういった事態から寺族を守る仕組みということだけど、最終的には、子どもが僧侶になって継ぐとか、妻自身が僧侶になるなどの方法を用いない限り、純粋に住居として「妻」が寺に住み続けることは不可能なのだ。

寺が自分たちの家ではないということは、結婚当初からよく聞かされていた。寺の土地や建物が自分のものだと勘違いしないでいられたという面では、知っていてよかったと思う。でも、自分の家でない家で、家族のはずなのに家族とちょっと違う関係の中で暮らすのは、心からの安心感とは遠いものだった。

よく言われることだが、寺におけるヒエラルキーは天皇制に準ずる家父長制の構造そのものだ。寺の仕組みのすべてがピラミッドのように序列をつけられている。立命館大名誉教授（法学）の二宮周平さんの言葉を引用したい。

家を制度として制定したのは1898年の明治民法です。家制度の政治的な目的の一つに、天皇制の国家体制を支えることがありました。家長である戸主と家族の関係を天皇と国民の関係になぞらえたのです。天皇は国の家長である、と。(……)

家制度が廃止された以上、国のあり方と氏を結びつける合理的根拠は何もないのに、そうした感覚は脈々と続いています。女性は結婚すると男性の家に入るという意識も残っています。今は結婚すると夫婦の新しい戸籍をつくるのに、「入籍」という言葉はなくなりません。心理的支配や従属関係が続いています。(「『家』制度なくなったのに…嫁、主人、家父長制　結婚後の現実」朝日新聞デジタル、2021年9月12日)

寺の仕組みは、まさにこんな感じだ。あからさまに支配が見え隠れするようなことはないけれど、心理的支配や従属関係があるから「寺族」という存在が成り立っているのだろう。

先ほど少し触れたように、僧侶と結婚すると、任意ではあるけれど、妻は安名親授式という式に参加する。ざっくり言えば、禅師様(曹洞宗のそのときのトップの僧侶)の仏弟子になるためのもので、「寺族安名の親授は、寺族としての自覚と自信をもち寺院で活動する上で重要な儀礼」（『寺院のための手引書』曹洞宗宗務庁より）なのだそうだ。その儀式で戒名（安名《あんみょう》）と、自分の戒名が書かれた絡子《らくす》（僧侶たちが身に着ける袈裟を簡略化したもの）等を受け取る。私のときは安名親授式という名前ではなかったけれど、内容は違わないはずで、私も絡子の裏に戒名が書かれたものを受け取った。ちなみに、戒名は死んでからもらうものだと思っていたけれど、本来はクリスチャンネームのように生前に受け取るものなのだそうだ。

このときの私はまだ、その場に行けたことに少しの誇らしさすら感じていたのだけど、絡子を受け取って、どんな戒名を頂けたのかな……と少し楽しみにしながら裏返した瞬間、違和感を通り越して強い怒りを覚えた。

そこにあったのは、夫の名前から一文字、私の名前から一文字を取って組み合わせたものだったのだ。さすがに「はぁ!?」と思った。私がそうしてほしいと言ったならともかく、勝手に夫と私の名前をセットにされたことに腹が立った。当時の私は、自分の置かれた状況が家父長制の下にあるなどとはこれっぽっちもわかっていなかったけれど、意識してか無意識なのか、妻は僧侶を補佐する存在にすぎないと見下されたような気がしたし、まさに従属関係を見せつけられた気分だった。

ちょっと話がずれるかもしれないけれど、僧侶と寺族の墓も不思議なことになっている。お寺には歴代僧侶の墓があり、それと別に歴代寺族の墓がある。僧侶と寺族は家族であって家族でなく、やはり寺の人間と在家から来た人間は別ということなのだろう。本来、結婚しないはずの僧侶が結婚できるようになって、寺族という制度を作ってみたものの、やはりどうしても最後は辻《つじ》褄《つま》が合わないということにも思える。死んだ後のことだから、どうでもいいと言えばどうでもいいけれど、私はそんな辻褄合わせのために取ってつけたような墓にだけは絶対に入りたくない。万が一そんなことになったら、ショックのあまり生き返りそうだ。

制度による無意識の心理的支配に従属関係。仏教界はまだ、寺の存続のためにこれを続けるつもりなのだろうか。

私が失っていたもの

子どもに手がかからなくなってきて、自分の時間を持てるようになったときに、お寺の中で何か私にできることがないかと考えた。そんなときにタイミングよく見つけたのが、以前から興味のあった「グリーフケア」の講座だった。会場も家から行きやすく、日程もちょうどよかったので申し込んでみようと思った。

グリーフ（grief）とは「（死別・後悔・絶望などによる）深い悲しみ、悲痛、悲しみのもと」（Weblio英和和英辞典）を意味する。団体や論者によって少しずつ表現が違うけれど、グリーフケアとは、身近な人の死をはじめ、あらゆる喪失の感情に寄り添うこと、といったところだろうか。

私自身、それまでに何度かカウンセリングを体験したこともあり、受講することでお寺という場で誰かの役に立てるかもしれないと思い参加を決めた。いま思うとこれも、お寺の中で自分を活かしたい＝自分の居場所をつくりたい、「これ」と言える役割がほしいということだったのだと思う。

そして思いもよらぬことに、お寺の役に立ちたいと思って参加したグリーフケア講座で初めて、お寺で感じ続けていた居心地の悪さの正体をはっきりと意識することになった。

その講座には十数人の参加者がいて、何日かに分けて、テーマに沿ってロールプレイをしたり、ひとつの話題について考えたことをシェアしあったりするワークショップ形式で行われた。たしかワークショップが始まってすぐのことだった。「あなたのグリーフ（喪失）は何ですか」という問いかけがあった。その瞬間、私の頭に浮かんだのは「お寺に来て、私がいなくなってしまった」という言葉だった。
そんな言葉がパッと出てきたことに、自分でもとても驚いた。そのときまで、そんなふうに意識して言葉にしたことはなかったのだけれど、「お寺に来て、私がいなくなってしまった」という言葉が浮かぶと同時に、それまでのできごとやさまざまな感情が押し寄せて、心の中で暴風が吹き荒れたみたいに、どうしようもない気持ちになってしまった。初めての感情だった。

ああ、そうか。結婚してお寺に来てから、私がいなくなっちゃったんだ。

1年365日、職場も家も全部が寺のもとにあって、朝から晩まで心休まらない空間。自分が自分でいられなくなる感覚。家では気持ちが休まらないので出かけてみても、帰ったらすぐにまた日常が大きく横たわる。毎日毎日少しずつ、でも着実に、私がいなくなっていった。寺に来てからというもの、そんなことを考える余裕もないくらいに、すべての時間がお寺と切っても切り離せない状況にあった。24時間ずっと寺にいるのに気持ちの切り替えなんて無理だった。なんとか順応しようと、それればかり考えていたけれど、うまくいってはいなかった。
「お寺に来て、私がいなくなってしまった」

それは間違いない。でも、どうしたらいいんだろう。その言葉はとても腑に落ちるものでありながら、同時にあまりにも想定外の言葉だったので、誰かに話すこともできなかったような気がするし、その後もひとりでその言葉を反芻《はんすう》するしかなかった。

グリーフケア講座を終えてから少しして、その後の私の考え方を変えるような出会いがあった。

日本国憲法だ。

その夏、ちょっとした偶然が重なって、日本国憲法を学ぶ機会に恵まれた。それまでは憲法といえば9条くらいしか知らなかった。憲法のおかげで日本は戦争をしていないみたいだけど、私にはほぼ関係ないもの。正直そんな意識すらなかったけれど、その日、日本国憲法のある条文に出会って、ぱーっと目の前が開けたような感覚になったのだ。

それが日本国憲法第13条だった。

すべて国民は、個人として尊重される。生命、自由及び幸福追求に対する国民の権利については、公共の福祉に反しない限り、立法その他の国政の上で、最大の尊重を必要とする。

「すべて国民は、個人として尊重される」。その言葉を聞いて、結婚してからその瞬間まで、常に「個人」ではないものを纏《まと》っていたことにやっと気がついた。結婚するまでは、仕事がイコール私の人格のように思われることなどなかった。いつだって私は私でしかなかった。

でも結婚してからというもの、夫が僧侶だということが私の人格の一部のようになってしまっていた。お寺関係の集まりに行けば、お互いを「○○寺さん」「○○寺のおくさん」と呼びあうことも多く、「○○寺さん」という記号が私の名前のようになる。そして何より、私自身が「お寺のおくさん」であることを私の人格であるかのように錯覚してしまっていた。何をするにも、どこに行っても「お寺のおくさん」が絡みつくようにくっついてきた。私はただ「私」なだけのはずなのに、知らないうちに「私じゃない私」になることを受け入れていて、それがとても苦しかったのだ。日本国憲法第13条は、私が「個人として尊重される」べき存在で、「お寺のおくさん」である前に、私でいたらいいんだと気づかせてくれた。

こうして憲法を知ったのが2014年のことだけれど、それまでの私には「権利」という概念がすっぽりと抜けていたことも驚きだった。人権という言葉はもちろん知っていたし、人権は大事だと思っていたつもりだったのに、実はまったくわかっておらず、自分に人権があるとかないとかも考えたこともなかった。でも、「生命、自由及び幸福追求に対する国民の権利」（13条）とか、「すべて国民は、法の下に平等であつて、人種、信条、性別、社会的身分又は門地により、政治的、経済的又は社会的関係において、差別されない」（14条）、「すべて国民は、健康で文化的な最低限度の生活を営む権利を有する」（25条）など、私にも人権があるとわかった瞬間から、自分という存在はそのままで生きていていいのだと思えたし、自分に人権があると知ったとき、初めて他者の人権についても真剣に考えられるようになったと思う。

こうして、「お寺に来て私がいなくなった」ということに気づき、憲法13条の「個人として尊重される」という言葉を知り、私がそのままの私でいていいと思えたことは、いなくなってしまった私が「ただの私」に帰るための最初の一歩になった。そして私は、私の権利について考えるようになっていった。

お寺に来てからというもの、生活のペースも仕事のペースも自分のテンポに合ったものではなく、それでも合わせるしかなさそうな気がして、どうにかやっていたけれど、それ以来少しずつ自分のペースでできるようにしていった。

このあたりで意識が変わり始めてから、「私」と「お寺」を切り離して考えられるようにもなってきたように思う。それでもまだ方向性としては、あくまでお寺の中で、どう自分らしくいるか、自分のままで何ができるか、自分の役割は何か……といったことを考えていた。だけど、お寺のあれこれに飲み込まれているばかりのそれまでとは違って、少しずつだけど「私」が帰ってきた。いま思うとまだまだ何かを纏っていたけれど、それでも一歩ずつ進み始めた。

［付記］「国民」という言葉には日本国籍を持つ人という意味合いがあり、できれば使いたくないところだ。憲法の条文でも「国民」という言葉が使われるが、基本的人権は日本国籍がない人にも保障されるべきで、最高裁判所の判例でもそう認められているという。もともとGHQが起草した憲法草案の前文は「We, the Japanese people」と書き出しており、当時の外務省の訳では「我等日本国人民」となっていたそうだ。同じ社会に生きる多様な人々を排除しない、「国民」に代わる別の言葉があればいいのにと思う。

「お寺のおくさん」への日々

どのできごとが、どんな言葉が最初の違和感だったんだろう。違和感というよりも、まったくわからない常識の中にいる緊張感だったのかもしれないし、間違ってはいけないという緊張感だったかもしれない。結婚するまでは、自分の思ったことを自分の言葉で話せていたし、いつだって自分の状況を把握して、自分で判断することができていた。

でも、お寺に来てみて、自分がいる状況の把握ができないし、お寺の常識がわからないので、どうしたらいいかわからない。判断ができなくなってしまった。何を言うにしても、何かフィルターを通してものを言うような。自分から進んでやっているけど、実は進んでやってはいないような。意識せずともそうしているうちに、心がどんどん消耗していった。

まったく知らない世界にやってきて、伝統やら慣習やら何やら、決まりに囲まれて暮らす毎日。私が来たことでそれを壊してはいけないと思い込んで、いつも気を張っていた。どうしていたら正解なのか、何をしたらダメなのか。もちろん正解なんてないし、家族に何か言われていたわけでもなく、本当はどうだってよかっただろうに、「在家」から来た私が歴史ある場所を壊してはいけないのだと、びくびくしていた。「いい子」でいないといけないと思っていた。

私のお手本となったのは、義母やその知り合いの寺族たち、それとたまにテレビなんかで取り上げられる「お寺のおくさん」たちだ。そういう人たちは、みんなしっかり「お寺のおくさん」をしていた。よくよく考えると、そうやって紹介され、表に出ている人たちは、寺や僧侶である夫を支えることに迷いのない人たちなんだろう。

もちろん、仏教やお寺にもともと興味があったり、結婚してから「はまる」ことができたりして、たまたま合っていた人がそうする分には問題ない。身近にも、そうやってお寺で働く友人はいたし、それはそれで心から尊重している。ただ、寺に身の置きどころが見つからなかった人というのは、私が接する範囲では、どこを見ても見当たらなかった。当たり前だ。そういう人は、わざわざ寺を背負ってテレビに出たり人前に出たりしない。

寺に身の置き場がないならば、頑張ってここに慣れて、自分で居場所をつくろうと努力してきた。型から入ればどうにかなるだろうと思っていた合掌や、慣れないお茶の淹れ方、お菓子の出し方。自信を持ってできるようになれば、びくびくせず、居心地がよくなるものと思っていた。繰り返すけれど、家族から強制されたことも、うまくやれと言われたこともない。でも自分にとっては、わからないことすらわからない未知の世界すぎて、失敗がないように、失礼がないようにと、いつもおどおどしていた。

お経を読んだり、仏教に関連する本を読んでみたりと、どうにか仏教を好きになろうと努力した。でも、努力しても好きになれるものではなく、なのに好きになったつもりになったりして、とてもおかしな状態だった。

お寺の仕事で楽しいこともあった。竹ぼうきでお庭の砂利の上に落ちている枯れ葉を掃き集めて取り除くと、掃除をする前の景色とはまったく別物のようにきれいになる。きれいになったお庭を見るのはとても気分がよかった。掃除機はそうでもないけど、雑巾がけをすると床がツルツルと光るのが目に見えてわかって、こちらもいい気分だった。行事などを紹介するチラシを作るのは、もともと仕事で近いことをしていたのでとても楽しくて、それをお檀家さんに褒められるのは嬉しかった。そうした好きな仕事もあったけれど、それでも何か、なんともいえない何かが、ずっとつきまとっていた。楽しいし、充実しているはずなのに……。まったく言葉にすることのできない何か。

その違和感は、前述したお寺の運営講座で練り上げたオリジナルの運営プランを実行しようと動きだすと、はっきりと姿を現しだした。講座では最終的に、毎月の課題を踏まえてお寺の事業計画書を作ることになっていた。自分の寺でできそうなことや、したいことのプランを練って私も事業計画書を仕上げた。行事への参加者の増やし方、SNSのフォロワー数など、具体的な数字を出しながら目標を定め、夫とも相談しながら実際の事業を進めていった。そのために、自分のSNSでもお寺の行事やホームページを積極的に宣伝したり、街のイベントにも顔を出すなど、「寺の人間」として外に出ていくようにもなった。

寺の人間として外に出ていくのだから、寺の人間として扱われ、話しかけられて当たり前なのだけど、もうひとつ堂々としていられず腰の引けている自分がいた。仏教や行事について話しかけられても、どうしても他人ごとのような浮いた感じがつきまとう。自分の中から出てきたのではない言葉を使って話すので、言葉と心が行き違い続けるような、嘘はついていないけれど嘘をついているような感覚にとらわれた。

二度目のグリーフケア

運営プランを実行に移しだしてから、それなりに成果も出てきたように思えたけれど、自分で進んでやっているはずのことなのに、どこか乗り切れず、疲れてしまう自分がいた。一緒に学んだ受講者の方々がそれぞれに成果を出している姿を見ては、心から乗り切れない自分にモヤモヤしていた。その頃の私は、お寺で暮らしながら自分にできることを模索していこうと決めていたので、モヤモヤしながらも、それは（当時はそんなふうに言語化できていなかったけれど）まだまだ私に知識や自信が足りないからだと考えていた。

そんなとき、以前とは違う団体のグリーフケア講座が開催されると知って、またもや参加してみることにした。コロナ禍でオンライン開催だったので、全国からたくさんの方が参加していた。ファシリテーターの中に僧侶もいたりして、参加者に寺院関係者が多いのも特徴だった。講座自体はとても丁寧に進められ、安心して参加できる良い講座だった。

だけど、やはりこのときも、とても良い講座なのに、何かが自分と嚙み合わなくて、楽しいし充実しているのに、何かが胸につかえたようだった。講座に参加した動機は、やはり寺の人間として、自分の寺やそこに来る方々の役に立ちたいということ。その根っこの気持ち、誰かの役に立ちたいという気持ち自体は本当だった。でも、その前提に「寺で」という言葉がついていた。寺の人間として、お寺のおくさんとして。だから、自分の言葉にも気持ちにも一枚フィルターがかかってしまう。たんに私の不器用さなのかもしれないけれど、学びながらも何かが引っかかり続けた。

そんなある日、夢を見た。

私が「お寺のおくさん」をしている夢だった。お寺のおくさんとして、掃除や運営など、寺の仕事をさくさくこなしている夢だった。でも。違う違う、こうなりたかったんじゃない！

目が覚めて、やっとわかった。おかしな話だけど、夢に自分の姿を見て初めて、私がやりたいと思っていたことは、私が本当に望んでいたことではなかったとわかった。だから、うまくできなくても苦しくて、うまくできても苦しかったんだ。

私の中でやっと、これまで感じてきたことのいろいろの辻褄が合った。

最初のグリーフケア講座で「私がいなくなってしまった」感覚に襲われ、それでもここで生きていこうと決めて、試行錯誤を重ねてきた。こうして書いていて気がついたのだけど、最初の講座で自分の喪失に気づいて、二度目の講座で本来の自分にもう一度コネクトするきっかけをつかんでいる。寺や人のためと思って参加したグリーフケア講座だったけど、実際は私自身のグリーフに気づき、寄り添うきっかけになった。人を助けたいんじゃなくて、人を助けることで私の喪失を埋めたかった。私が助けられたかったのだ。

偶然にしてはできすぎているけど、ここでやっと、これまでずっと無理をしていたことに気づくことができた。遠回りして、寄り道もたくさんしてしまったけれど、無理をしながら、何かが違うと思いながらもやってきたことは、ひとつも無駄ではなかったと思えた。

それからは、行きつ戻りつ、同じところをぐるぐるしたり、失敗もしながら、急速に、自分に戻り始める時間が動きだした。

前進

「お寺のおくさん」として生きることは、私の望むことではなさそうだ。そう気づいたまではよかったけれど、でも環境は急には変えられない。それまで、違和感を感じながらも「お寺のおくさん」をやっていこうと頑張ってきたのに、掃除も行事の準備も気が向かない。身体が動かない。それまでは難なくできていたことができなくなってしまった。急に宙ぶらりんになってしまった。

そんな頃、「ジェンダー」とか「ジェンダーギャップ」という言葉に急速に目が向くようになった。それまでだって言葉は知っていたし、男女平等なんて当たり前に実現すべきだと思っていたし、自分ごとだとも思っていたけれど、私自身はそんなに困っていないし、比較的男女平等なところにいると、とんだ勘違いをしていた。

でも、目に入ってくる記事などを、いままで以上に意識して読むようになると、ここに私の違和感を解くヒントがあるかもしれないと思うようになった。そのつながりはまだはっきりしないながらも、答えがかならずここにあるという確信と、それをはっきりさせたいという思いで、ジェンダー問題に詳しい弁護士を講師に招いて、憲法とジェンダーに関するオンラインの勉強会を企画した。お寺の運営講座で知り合い、SNSでつながっていた人たちにも声をかけて、何人かには参加してもらえた。

ちょうどその企画を練り始めた頃だったか、お寺や仏教にかかわりのある女性たちでつくる「女性と仏教・関東ネットワーク」という団体がまとめた小文集（『女たちの如是我聞』）に出会った。その中にあった文章を読んで、私の言葉にならなかった違和感のすべてが言葉になっていたことに衝撃を受けた。

妻たちが僧侶の補佐として、便利な小間使いとして、家事もこなしながら家事の延長として「仕事」を担っていること。人によっては給料もなく働き、夫である僧侶のお手伝いや世話をしていること。こういうことが寺にある問題として言語化されていた。おかしいと感じていたことが言葉になっていて、自分がひとりじゃないと知ったとき、本当に嬉しくて、何度も何度もその文章を読み直した。大袈裟じゃなく、光が射すような感じだった。

お寺に来た以上は、違和感なんて感じてはいけない、現状を受け入れてうまくやっていかなければいけないと思っていた私にとって、取るに足らないわがままな考えだと思っていたことが、実は大きな問題だったと気づかせてくれたし、考えてもいい、考えなければいけないことだと思うことができた。私だけがこんなふうに思っているのかもしれないと思っていたことが、実は多くの寺族によって長いあいだ語られ続けていたことだとも知った。

この文集と、主催した憲法とジェンダーに関する勉強会での学びが、私自身のこと、そして「寺族とは?」を考えていくための大きな一歩となった。やっとスタートラインに立ったような感じだ。

憲法とジェンダーの関係について学んだときに、日本国憲法ができる以前は「国による家庭を通じた支配」(国=天皇に従う大きな共同体>家=家長に従う小さな共同体)があったことや、家制度や性別役割分担が国家支配の道具だったと知り、お寺の構造そのものだという気づきを得た。寺にも、宗派という大きな共同体があり、町の寺という小さな共同体があり、家族経営の寺の場合その中に家長=住職がいて、家族がそれを支える(そうでない場合もある)。なんとなくは知っていたことだったけれど、自分の立場と重ねると解像度がぐっと上がった。

こうして学び始めたものの、20年近く刷り込まれ、みずから思い込み続けてきた「お寺のおくさん」像は染みついてしまってなかなか抜けない。なので、学びながらもしばらくは自分なりの「お寺のおくさん」像を模索していた。お寺のおくさんであることは生活そのものになっていたし、当時はそれ以外の選択肢が思い浮かばなかった。

同じ頃に出会ったのが韓国の小説『82年生まれ、キム・ジヨン』(チョ・ナムジュ著、斎藤真理子訳、筑摩書房)だ。その頃、映画のコマーシャルがよく流れていて、興味があったのだけど観に行きそびれていた。普段なら、観そびれた映画はまたいつかの機会に観たらいいと思うのだけど、そのときはどうしても気になって原作を読んでみた。韓国の作家さんとの初めての出会いでもあった。

主人公のキム・ジヨンと私とでは、細かな状況はまったく違う。住む国も違うし、育った環境も経歴にも共通点はないのに、結婚して子どもを産んで「嫁」や「母」になったことや、その中でのどうしようもない抑圧や無力感、心が壊れていくようすが自分と重なって、苦しくなってしまった。

状況は異なるのに、私が感じていたことが細やかに言語化されていたのが『82年生まれ、キム・ジヨン』だった。自分とは違う人生を歩むキム・ジヨンなのに、まるで鏡を見ているみたいな錯覚に襲われ、苦しいけれど、自分を重ねることのできる言葉を見つけるたびに解放されていくような感覚だった。私がやり過ごすしかないと思っていた日常は、こうして言葉にしてもよくて、語られるべきことで、仕方ないことなんかじゃないと教えてくれた大切な一冊だ。

毎日やってくる日常、終わらない日常、やり過ごすしかない日常。僧侶と結婚して寺に来て、嫁になったんだから、いまさら何を考えてもしょうがない。この生活を続けるしかない、前向きに生きようと考えていたその奥には、常にそんな諦めがあったように思う。

出版元の筑摩書房のホームページを覗いてみたら、作家の松田青子さんの「女性たちの絶望がつまったこの本は、未来に向かうための希望の書」という言葉が添えられていた。この本を読んで自分の絶望をしっかりと感じたことが、本当に、未来に向かうきっかけとなったと思っている。自分の痛みに気づかなかったら、治すこともできないから。また、この本や映画が世界中で翻訳され注目を浴びたということは、同じような気持ちでいる仲間が世界中にもたくさんいるのだという心強さにもつながった。

この時期に出会った本や学びから、寺に来て感じてきた違和感とジェンダー問題との関係性を考えるようになっていった。自分が努力して受け取り方を変えるしかないと思っていた現実への向き合い方が変わった。考えることも、言葉にすることも怖くなっていった。私が寺で感じていた違和感を言葉にするたびに、大好きな友だちが離れていってしまうのではないかと少し怖くもあったけれど、友だちが離れることはなかったし、むしろ、立場は違えど同じような思いを持つ仲間が増えていった。

私は変わらなくてもいい。私でいたらいいのだと、やっと心から思えるようになった。

お寺のブログ

２０２０年。新型コロナ Covid-19 が流行し、人の移動がなくなった。お寺もお参りや法事がなくなり、電話も減り、静けさがやってきた。

この期間も私は、お寺に来られなくなった方々とお寺をどうつなげていけるか、私の役割は何だろうかと考えていた。その中で思いついたのが、１年ほど前から開設していたホームページへの投稿だった。

前にも書いた通り、お寺での女性の役割として挙げられることに、「おくさん」がいると場の雰囲気が和らぐとか、住職とのつなぎ役に適している、なんていうものがある。私もその役割をまっとうしようと試行錯誤していた。いろいろと考えて、ホームページを使って、お寺に来られない人たちとのつなぎ役になれるかもしれないと考えた。思い浮かんだのは、私目線のブログを書いて、お寺を身近に思ってもらうことだ。

仏教もお寺も何も知らない在家からお寺にやってきた妻が、お寺のしきたりや伝統に触れ、だんだんとお寺に馴染んでいく。そういう経験はよく目にする。違和感があるとか居心地が悪いと言いながらも、私が憧れていた寺族像でもあった。なんていうか……波に乗れている感じ。そういう方々も、きっと表に出さない苦労がたくさんあると思うけれど、私もその波にちょっと乗ってみたかった。

1回目では、お寺にいる人をどう呼ぶかを紹介してみた。ブログの内容はこんな感じだ。

——寺に来たときに僧侶のことをどう呼ぶか。住職、副住職などポピュラーなもののほかに、曹洞宗では「方丈さん」とか「方丈様」という呼び方もある。私は曹洞宗の僧侶の妻なので、「寺族」という肩書きがあるんですよ……というような。

この時期は世界中で、これまでの生活が一変して緊張感のあった時期だ。「寺の嫁」ポジションからの発信は、いまの私からすれば受け入れがたいものだけど、このときの私としては最善を尽くしたつもりだった。なかなかお参りに来られなくなった方のために、境内の写真も載せたりした。

その後も1年半近くこのブログを続けた。実際に反響は大きかったし、アクセス数も順調だった。いままであまり話したことのないお檀家さんから声をかけてもらえるようになったのは本当に嬉しかった。「お寺のおくさん」でいながらも、私でいることができるようになったみたいで、やっと私のままで、私のやり方でお寺に居場所を見つけた、そう思った。

だけど、またもや引っかかりを感じ始めてしまった。単純に、ネタが続かなくなった。仏教的なことを軽めに書いてみるなどしたけれど、なにしろ気持ちが入らない。お寺での暮らしについて書こうとも思ったけれど、掃除はしないといけないからやっているだけで、好きでも得意でもない。精進料理ネタとかもまったく無理。私目線のお寺紹介……そんなに、というか全然興味がない。友だちが海外から旅行に来ていた友人を連れてきてくれたとき、本堂を見せながら「ここには古くからのものがたくさんあるんです」としか言えず、笑いを提供してしまった私である。

ネタがなくなっていくので、自分の読んだ本のことなども書いてみたりしたけれど、どうして妻の私が、お寺のブログに自分のことを書いているんだろうという違和感につながっていく。自分で始めておいて何だけど、お寺には私の言葉も、私のストーリーも必要なかったのだ。そんなわけで、試行錯誤しながらも、少しずつ更新の間隔が空いていった。

やっと作り出した私の居場所なのに、どうして上手にできないんだろう……。がっかりしながら、また考える日々が始まった。ブログの開始と前後して、憲法とジェンダーについて学び、『82年生まれ、キム・ジヨン』にも出会った。その他にも本や記事をたくさん読んだ。自分の立場について考え、行きつ戻りつ気づきを重ね、二度目のグリーフケア講座では、私がやりたいと思っていたことは、私が本当に望んでいたことではなかったとわかった。

私は「お寺のおくさん」になって、私がいなくなってしまったことが虚しかった。同じように思っている人を探してみたけれど、なかなか出会うことがなかった。発信している妻たちは、みんなお寺に馴染んでうまくやっている。楽しそう、キラキラしている、認められてる。そんな姿ばかりが目に入ってくるのが苦しかったのに、お寺のためとか、人に評価される「いいこと」のために、自分の気持ちを二の次にしてまで、このブログを人から見られる状態にしておいていいのかと考えるようになった。

ブログを読んだ誰かが、あの頃の私のように、僧侶と結婚したらやっぱりそうするしかないのかと自分を諦めてしまうかもしれない。住むフィールドの違う人と結婚しただけなのに、仏教のことを「何も知らない女性」が「慣れない中で」寺のために生きていく、それは当たり前で仕方のないことなのか。そんなふうに考えるようになった。そして、アクセス数の高めだったそのブログを書き続け、ネット上に残すことは、私がこの構造を認めて再生産し続けることになるのではないかと思った。

考えに考えて、開設から約1年半後に私のブログをすべて削除した。私はこの構造を認めないし、見て見ぬふりをしてやり過ごしたくない。お寺や仏教という、そこそこ身近で、そこそこ影響力のある場所で、僧侶と結婚した女性が寺のしきたりに従うことが「美しいこと」のような文脈で語られ続ける……そんなのは嫌だ。女性が男性や寺のものになり染まっていくストーリーを、微々たる発信であっても、世の中に対して見せ続けることはできない。そう思った。

気づいた呪いは、ひとつずつ解いていかなくてはいけない。

語学で広がった世界

何年か前に、家の中に自分だけのスペースを持てるようになった。考えてみると、それまでは安心してひとりになれる場所がなかった。そうなってみて初めて、生活のすべての環境と時間を、寺の空気に囲まれていたことに気づいた。生活しているだけのつもりでも、絶対的にお寺という存在の中にある空間。そういう場所にいることを知ってはいたけれど、毎日毎秒がその環境だったので、自分が寺という存在に囲まれているなんて考えもしなかった。そして、結婚したからにはそこから一生離れられないのだと思い込んでいた。自分だけのスペースを持つという物理的なことがきっかけで、自分の世界や時間を持てずにいたことにようやく気づけるようになった。こういうことも、自分を取り戻していく大きなきっかけのひとつになった。

ちょうどコロナで外出しづらくなっていた頃で、オンラインで参加できる講座などが増えてきたので、部屋にはWi-Fi環境を整えた。それまでは家族の生活時間帯を気にしたり、家族に気を遣わせながら居間でオンラインのいろいろに参加していたけれど、部屋を整えたことで誰にも遠慮せず、時間も気にせず、オンラインで勉強したり、大好きなアーティストのコンテンツを見たりできるようになった。

その何年か前にNetflixの『クィア・アイ』という番組にハマって、英語を使えるようになりたいとふと思い立ち、その頃知り合った友人が主宰する英語のレッスンに通いだした。久しぶりに勉強する英語はとても楽しく、仲間との時間も楽しかった。でも、だんだんと、決まった日の決まった時間に出かけるのが難しくなってきて、それきり辞めてしまっていた。

コロナ禍をきっかけに部屋のWi-Fi環境を整えたり、友人が留学した話などを聞いているうちに、オンライン英会話という選択肢が見えてきて、英語の勉強をもう一度してみようと思い立った。コロナ前だったら、オンラインで何かを勉強するなんて私の選択肢にはまったくなかったけれど、コロナ禍でハードルがぐっと低くなっていた。

学生の頃も、英語が好きだったわりには真面目に勉強することは一度もなく、やることといえば洋楽の歌詞カードをコピーしてせっせと覚えるくらい。それからもずっと、好きな気持ちがあるばかりで勉強はしていなかったので、本当に全然話せない。でも、やらないよりはやったほうがいいし、話す機会を作らなければ、日常で使わない言葉を使えるようになるわけがないと、大人になってやっと気づいた。そして、ただ英語を勉強したかっただけなのに、これがまた寺での立場や違和感にスポットライトを当てるきっかけになった。

オンライン英会話教室では、たくさんの先生のレッスン枠の中から都合のいい時間を選んで予約する。初めての先生とのレッスンのときは自己紹介から始まるのだけれど、かならず訊かれたのが「どんな仕事をしているか」ということだった。私の少ないボキャブラリーを総動員して、でも寺のことは言いたくなくて、どうにかひねり出したのが「夫の仕事の手伝いをしている」なのだけど、そうすると今度はどんな職種？　会社？　お店？　家で働いてるの？　通勤するの？　どんな手伝いをしているの？　などと、どんどん掘り下げられてしまう。面倒なので、小さなカフェで掃除や接客、ちょっとした広報をしている、などと言ってみたりしていた。さらに、私が受講していた朝の時間帯だと、今日は仕事？　何時から何時まで働くの？　などと毎回かならずレッスン後の予定を聞かれた。先生方からすると挨拶の一部なんだろうけど、私にとっては毎回それがドキドキ案件だった。

　レッスンのたびに今日は何と答えようかと考えるけれど、ぴったりな言葉が見つからなくて、今日はどうしようと頭の片隅でいつも考えていた。「夫の仕事の手伝い」が心身ともに私に合っていたら、そんなことは考えもせず、面倒とも思わず、「寺で働いている」と説明できていたかもしれない。けれど、私にとって寺の仕事はやっぱり「夫の」「仕事の」「手伝い」であって、「私の」「仕事」ではない。夫が僧侶だから、私が妻として寺に住んで、夫の仕事の手伝いをしている。夫が寺にいなかったら私も寺にいないし、夫が僧侶じゃなかったら私が寺で働くという選択肢は100％なかった。寺の中で自分にできることを探して、それを仕事としてやっている面はあっても、本当の意味での「私の仕事」ではなく、根本は「夫が僧侶だから」「夫の仕事を手伝っている」のだ、ということを自覚せずにいられなくなった。

　英語の勉強を始めたことで、私がいかに内にこもっていたかを知ることにもなった。ある日のレッスンでは、「What is the current issue in your country?（あなたの国での最近の問題は？）」と訊かれて「Gender inequality!（ジェンダー不平等！）」と答えたら、先生が自分も最近興味があって、ついさっきもレッスンの空き時間に動画を観ていたと教えてくれた。英語では男性の敬称はMr.しかないのに女性はMrs.とMissがあって、結婚してるかしてないかで呼び方が変わるのがおかしいね（最近は区別せずMs.が使われるものの）、どこの国もまだまだね、なんて話をした。

文法でいうと、日本語と英語は語順が違い、英語は結論を言ってからそれについて補足していくような語順だ。SVOCというやつ。日本語では受動態をよく使う、なんていう違いもある。

ちなみにその後、韓国語も勉強したくなってしまい同時並行で勉強しているのだけれど、韓国語の先生が、日本語は受動態じゃなくていいようなところで受動態になるから、勉強していてとても混乱したと言っていた。また、たとえば韓国語で授業は「受ける」ではなく「聞く」と表現するのだそうだ。たしかにだいぶ印象が違う。またあるときは、韓国語には性別による言葉の使い分けがほとんどないという話になった。日本語には女言葉があり、誰かに何かをされてやめてほしいときも女性は「やめてください」とお願い口調になってしまう。韓国も日本もジェンダーギャップはさほど変わらず、家父長制のなごりも強いままなのに、韓国ドラマや映画では女性もしっかり怒るし、しっかり主張する姿を見る。それってもしかしたら、韓国語に性別による言葉の使い分けがないことや夫婦別姓なことも背景にあるのかも、などと話した。日本では結婚すると多くの女性が夫の姓になることで、無意識に従属関係になってしまうのかもしれない。これが合っているかどうかはわからないけれど、こうした会話からも世界が広がるし、黙らない、諦めないぞという気にもなる。

韓国ドラマや韓国のニュースを見るにつけても、理不尽にはしっかりと声を上げるという姿勢に胸を打たれる。そういえば、以前ソウルの大韓民国歴史博物館に行ったときには、展示の最後のほうに、時代によるデモの移り変わりが展示されていた。国が運営する施設で、国民が声を上げることが大切な権利として紹介されていることがとても印象的だった。もちろん日本が朝鮮半島を植民地支配していた歴史も詳しく展示されていて、言葉を学ぶとともに、歴史のこともより知らなければと思った。言葉を学ぶって文法や単語だけじゃないんだなと、大人になってやっとわかった。

ちなみに、この原稿を韓国語の先生に確認してもらうときに、初めて私の夫が僧侶であることを伝えたのだけど、先生が日本に来たばかりの頃、日本の僧侶が結婚できることや、お寺に「おくさん」がいることをとても不思議に思ったそうだ。韓国では僧侶は妻帯を認められていないので、仮に結婚すれば「破戒僧」と呼ばれてしまう。私はそれを聞いてなんだか笑ってしまった。日本のお坊さんは、よその国の基準で見ればみんな破戒僧なのだ。

ちなみに、この話をしながら先生が教えてくれた韓国のことわざがある。

「절이 싫으면 중이 떠나면 돼요（寺が嫌なら僧侶が去ればいい）」

文句ばかり言うなら、そこから去ればいいという意味だそうだ。

英会話に話を戻すと、そのうちにオンラインだけでは物足りなくなって、月に一度カフェでのレッスンを受けることにした。初めてのレッスンの日、まずはお互いに自己紹介をした。これから月に一回会っておしゃべりをするとなると、変にごまかすのもおかしなことになると思い、その先生には最初から本当のことを話すことにした。

日本では僧侶が結婚することができて、お寺を家族で運営していることも多いこと。私は夫が僧侶なので寺に住んでいて、夫の仕事の手伝いをしていること。でも最近は、子どもも手が離れたし、もうたくさん夫を手伝ってきたから、そろそろ自分の仕事がしたい。これからは自分の時間にしたいと思っている……というようなことを、拙《つたな》い英語でどうにか伝えた。

すると先生は、いとも簡単に「そうなのね！　子どもも大きくなってきたんじゃ自分の時間にしたいよね！」とだけ言った。とくに深掘りもせず、こんなにもあっけらかんとした返事がなんだかとても嬉しくて、「当たり前」が変われば、私の望むことはこんなにも簡単なことなんだと爽快感すらあった。

続いて先生は「夫が僧侶だと、あなたや家族も仏教徒なの？」と訊いてきた。これも、これまでに体験したことのない会話だ。寺に住んでいる人は当たり前に仏教徒だと私も思っていたし、日本に住む人の多くはそう思っているのではないか。私の答えは「前は結婚したらそうなるものだと思っていたけど、最近は自分を仏教徒とは思っていないし、子どもたちもどう思っているかわからない」というようなものだった。

それに対する先生の答えはたったひとこと。

「へぇー。そうなんだ」

そんな感じ。それだけだった。

それだけのことだったのだ。言葉を学び始めて見えた景色は、言葉の世界や見える世界が広がっただけでなく、自分のことを知るきっかけにもなった。

「ただの私」になると決めた

お寺に来てからの私は、とても自然に、意識せずに、でもとても意識して、「自分じゃないもの」になっていった。目の前にある、慣れない寺での生活を送るために。たぶんこれが（興味の強さは別としても）私が選んだ仕事だったら、職場が家族やイエと直接につながっていなかったら、自分の状況をもう少し俯瞰《ふかん》して見ることができていただろうし、私と寺とを少しは分離して考えられていたような気がする。

でも、なにしろ朝起きた瞬間から、仕事も生活も空間も人間関係も、すべてがごちゃまぜの環境だ。寺の伝統やらしきたりやら、ずっと続いてきた家のやり方など私にはわからないことばかりで、朝ご飯を作るところから、家では飲まなかった緑茶を淹れるとか、毎朝の本堂へのお供えから職人さんへのお茶出しまで、自分の判断基準を何ひとつ持たないままお寺で生活していた。寺＝家族の営みに従うしかなく、自分のやり方なんて持ちようもなかった。気分転換に少し出かけても、帰る場所は寺＝家なわけで、いつもお寺のことが頭の片隅にあった。

こんなふうに書いていると、物理的に距離を取るとかなんとかできることがあったのではないかと思うけれど、家族間に何か大きな問題を抱えているわけでもなく、住むところがあって暮らせていて……となると、決定打となるような理由がないし、寺で生活することに精一杯すぎて、そんなことを真剣に考えられる状態でもなかった。そのときは、なんか大変だなぁ、そのうちできるようになるのかなぁ、などと思うくらいで、違和感を言語化できず、自分の気持ちが把握できていなかった。

知らず知らずの無理がたたって、カウンセリングを受けたこともあったけれど、たいていのカウンセラーは「できることなら、そこから離れられるといい」と言った。ところがある日、眠れなくなり調子を崩して受診した病院で、かけてもらった言葉が胸に残った。

「離れようにも、離れられないのがつらいんですよね」

そういうことだった。離れたい気持ちは心のどこかにあっても離れられなかった。そんな勢いも勇気もなかった。ずっとずっと、自分じゃない自分を演じて、「お寺での自分らしさ」を探して、自分だと偽った自分を生きていた。いろいろな違和感の正体にうっすらと気づきながらも、私がしていることは私が望んで主体的にやっているのだと思おうとしたし、主体的であろうとした。それが、やっと見つけた私の生き方だと思っていた。そうすればそうするほどに、この構造の中で使いやすい人間になってしまうとは知らずに。

あるとき、もうこれ以上は無理だと感じて、やりたくないことをやらないという実践を始めた。「女性活躍社会」とかいう余計なお世話な言葉がある（あった？）けれど、誰かのためになんて輝かない、好きにするぞと心に誓った（「するぞ」と書く前に「させてもらうぞ」と書いてしまったことを白状しておく。誰かへのエクスキューズはいらない。「する」のを決めるのは私だから）。

マジョリティ男性たちが作り上げた社会秩序の中で、彼らの望むようになんて生きるものか。明治5年（1872年）の太政官布告《だじょうかんふこく》「僧侶の肉食妻帯勝手たるべし」をきっかけに、日本では僧侶の肉食も妻帯も可能になった。宗教者が政治権力に「結婚していいいし、お肉食べてもいいよ！」と言われてホイホイ乗っかってしまった。そんなことから始まったこの仕組みに乗ってたまるか。

日本では当たり前のようになってしまっている妻帯仏教だけれど、世界的にはとても稀なものだそうだ。現代を生きる男性僧侶たちを責めても仕方ないけれど、せめて現在をしっかりと見つめてほしい。結婚して妻に自分の人生をサポートさせることを、美しいことのように語るな。自分の家ではうまくいってるから大丈夫だと話をそらすな。いまさらそんなことを言っても仕方ないなんて言うな。自分の人生の実現のために結婚という手段を使うな。女性差別をするな。

日本の仏教界の男性たちが、自分たちの生きやすいように作り出した、寺の家族経営という仕組みの中でそれに加担するようなことはもうしない。もううんざり。どうして私のすべてを寺に捧げなくてはいけなかったのか。ただ結婚した相手が僧侶だっただけなのに。

正直、多くの男性僧侶たちは、こんなことを言われたところで痛くも痒くもないだろう。私ひとりが小さな寺の中でこんなことを言っていても、何も変わらないかもしれない。でも言わないよりは言ったほうがいいし、もうこれ以上こんな思いをする人を増やしたくない。これまでの当たり前を変えていきたい。

それで私は、お寺の中で役に立たない人間になろうと決めた。そもそも人を役に立つ・立たないでジャッジするのもひどい話だけれど、あるときから少しずつ、目の前にあるものを無条件に受け入れるのをやめて、自分を取り戻すことを始めた。それですぐに何かが変わるわけではないし、私の考えも行きつ戻りつだ。でも、らせん階段を上るように、同じようなところを回りながら少しずつやってみた。そうすることで、私がいかにみずから進んで寺の人間になろうとしていったかが見えてきたし、そうせざるを得なかったこともわかってきた。そして、受け入れざるを得なかった、その環境のおかしさにも気づき始めた。

お寺は私にとって、主体的になることの難しい場所で、たとえ主体的であったとしても、夫ありきで居る場所だ。そんな中で、主体的であろう、私が私でいられる場所にしようと頑張った結果が、お寺の中で自分にできることを探すことや、私だからできる何かを探すことだった。そうしないと私は、家にいながら居場所がなく、仕事をしているようでいて自分の仕事と言えるものはなく、虚しさと居場所のなさを感じながら、時間が経つのをやり過ごすしかなかっただろう。

でも、寺の中で必死に握りしめていたものを少しずつ手放して、受け入れることのできていないことをやめてみたら、それまでよりも虚しさが薄まって、居心地の悪さの質が変わったみたいだった。以前は、夫が僧侶だから私もお寺に居られるし暮らせている、と自分を下げたような考え方だったけれど、どうしてそんなふうに思わないといけなかったんだろうと考えるようになってきた。

そして、本や記事を読んだり、いろいろな方の話を聞いたりしながら、居心地の悪さの正体を探し始めた。寺に馴染めないことのすべては私のせいだと思っていたけれど、そうではないということがわかったし、家族関係の問題でもなかった。家や個人の問題に見えるところにまで、妻帯仏教の持つ女性差別や家父長制の構造が細やかに入り込んでいることもわかってきた。いつまでも寺に馴染めないことも、居心地が悪かったのも、私のせいじゃなくて、そう思わせる仕組みに原因があるとわかった。

お寺は私にとって居心地が悪い場所。ただそれだけのことだと思えるようになって、私がただ私でいればいい、そう思うようになった。

3章　フェミニズムが教えてくれたこと

ジェンダーギャップ指数なるものを知ってしまった

「ジェンダー平等」という言葉をよく見かけるようになった。数年前まで私自身、そんなことは当たり前に実現されるべき！と思っていた。でも、いまから思うと他人ごととして捉えていたんだなぁと思う。だって私は夫と対等だし、女性であることでそんなに不利益を感じてこなかったし、いまだってそうだ、と。

環境というのは怖いものだ。自分がジェンダー不平等の極みのようなところにいるので、不平等状態に何の疑問も持たず、（居心地が悪いと感じていたのとは裏腹に）その中でやりがいや居場所がある私は、何の問題もなく暮らせていると思い込んでいたのだ。その上で、思いきり外野ポジションから、世のジェンダー平等がなかなか実現しないのはおかしいとか、政治家も企業もトップは男だらけでおかしい！などと考えていた。そのわりに、僧侶が男だらけなのはおかしい！とはこれっぽっちも思っていなかった。

企業などに勤めていると、妊娠や子育て、介護など、家庭との両立で女性があからさまに割を食うことになるようだけど、私は家のことをしながら仕事をして子育てもできる環境にいる。だから私の半径3メートル以内ではジェンダー平等は実現している……と思い込んでいた。こうして書き出してみるとその勘違いっぷりに落ち込むけれど、半径3メートルの不平等に気づかず、寺のお役に立ちたいとは、まさに寺の望む人材である。

同年代の友人たちと話していると、自分の中に性差別や性の違いによる不平等が刷り込まれすぎていて、学ぶたびに自分にがっかりすることがあるという話になる。それでも、いや、だからこそ学び続けるのだけど、自分の中に不平等が棲みついていると、それが当たり前だと思ったり、我慢すべきことだと思い込んでしまい、そこから外れたことをしたり考えたりするのは「わがまま」ではないかと思ってしまったりする。

若い頃にフェミニズムに出会えていなかった私のような人間は、そういうふうに古い価値観や内在している家父長制に葛藤しながら、余計なものを手放したり、必要なことを身につけたりしていくしかないんだろう。学んで気づきを得るたびに、日々のモヤモヤをやり過ごしながら生きていくのとは全然違う世界が広がってくる。少しでも、ましになる道を選んでいきたい。

ジェンダーという言葉を自分ごとだと思えず、居る場所や身のまわりに多少の違和感はあっても、家庭や寺の中で何不自由なく生きていると思い込んでいた。そんな私が、さすがに日本のこの感覚はおかしい、この世には男女平等なんてなさそうだぞ、と気づくまでには長い時間がかかった。

自分がジェンダー不平等の極みにいすぎて自分の状況に気づけなかったと書いたけれど、日本全体の状況に目を向けるとこんな感じ。

世界経済フォーラムが毎年発表しているジェンダーギャップランキングによると、2024年の日本のジェンダーギャップ指数は146か国中118位。2023年は125位で、2006年の公表開始以来最低の順位だったという。ちなみに、一応前年よりアップしているのは、政治分野で女性閣僚が少し増えて138位から113位になり、それが全体のランクアップにつながったということらしい（公益財団法人ジョイセフホームページ、朝日新聞デジタルなど参照）。そして内閣府の男女共同参画局のホームページで発表以来の推移を見てみると、80位だった2006年以降下がったまま横ばい……つまり、前年より上がったと喜んでいられない結果。

私はこれだけジェンダー平等に遠い国に住んでいる。そして、家父長制を体現したような寺という場に住んでいる。こういう価値観にまみれすぎていたから、なかなか気づけなくてもしょうがなかった……よね。

世界経済フォーラムによると、このままのペースでは、世界の完全な男女平等の達成は215

4年になるという予測も発表されていた。仮に日本の男女平等がその頃に達成されたとしても、仏教界の男女平等までには3億年くらいかかるのではないだろうか。

女性の社会進出が進まない背景として、男性しかいない企業広告や広報・報道写真などのビジュアルも価値観の刷り込みになるのだそうだ。詳しいデータなどはないけれど、お寺関係で目にする写真や映像には、ずらりと男性僧侶が並んでいることが多い。そういった場に女性を増やしていこうという取り組みも聞いたことがない。宗派によるのかもしれないけれど、大きな法要を執り行うのは圧倒的に男性僧侶たち。「お坊さんのなんとか相談」みたいな企画も回答者はだいたい男性。「修行僧」と検索して出てくる画像のほとんどは男性だ。寺で作っているポスターやウェブサイトの絵柄も、体感として99・98％を男性が占めている。なんで？

私たちが生きる社会にはさまざまな性の人間がいるというのに、目から入ってくる情報としてマジョリティ男性ばかりがずらりと並ぶ図の異様さたるや。そのおかしさに気づいていなかったときですら、ほんの少しは嫌な感じを覚えたというのに、おかしさに気づいてからは日々見かけるたびにイライラっとしてしまう。そうやって、特定の分野では男性が多いのが当たり前だということを目にし続けるのは、やはり女性差別の刷り込みにならざるを得ない。仏教の世界だって、男性僧侶ばかりなのはなぜかを、みずから考えないといけないのではないか。

ジェンダーロール（性別役割）を刷り込まれ、ジェンダーロールありきで毎日が成り立っているような環境では、そのおかしさに気づいて抜け出ることが本当に難しい。僧侶と結婚して、自分の知っていた常識がガラガラと崩れるところから始まり、どうにかそこに順応して寺での役割という名のジェンダーロールを身に着け、いい感じに振る舞えるようになってきたと思った瞬間、「こんなのおかしい！　違う！」……と気づいたときには生活も収入も寺ベースでできあがっていて、その役割から抜けたくても、どこから手をつけたらいいかわからず途方に暮れるしかなかった。

お寺の中での生きづらさの原因に気づく前の、ただモヤモヤと違和感を持っていた頃でさえも、「お寺のおくさん」というのは家から勝手に飛んでいかないように羽根を切られた鳥みたいだと思ったことが何度もあったけれど、その感覚は間違っていなかったと思う。そこそこの自由は味わえるけれど、本当の自由を得ることは難しい。

正直、（いや、本心ではないけれど、でも）こんなことに気づかないほうが楽だったのかもしれないと思ってしまうことがあった。なんとなくの違和感を抱きながら、たまにストレス発散でもしていたほうが楽だったんだろうか、なんて。でも、気づいたいまのほうが絶対にいい。

フェミニズムと私

正直言うと、私はフェミニズムにネガティブなイメージを持っていた。テレビ等で女性のコメンテーターが権利を主張しているのを見ても、まだその頃は言っていることの重要性がまったくわかっていなくて、正論なんだろうけど……そんな言い方しなくても、細かいことをいちいち指摘しなくても……などと思っていた。

後になって勉強してみれば、「そんな言い方では伝わらない」「やり方が違うのでは」というのは、自分に都合の悪いことに出会ったときに、マジョリティ（多数派）が相手を黙らせるためのよくある言い草だとわかったし、男性優位の社会で、女性の意見をまじめに意見と捉えず「女がなんか言ってるよ」という下劣な空気が作り出されていたのだと知った。そして、小さなことも指摘していかなければ何ひとつ変わらないということも知った。

フェミニズムにネガティブなイメージを持っていたことを、とても悔しく、申し訳なく思っている。作られた空気に加担していたも同然だから。これを言っておかないと、まるで私がずっとフェミニズム的な考えを持っていたと誤解されそうなので、負のイメージを持っていたことも正直に書いておきたかった。

もっと早くフェミニズムに出会っておきたかったし理解しておきたかった。私はあまり後悔というものをしないタイプだけれど、もっと若いうちにフェミニズムの思想に出会っていたらよかったのにと思わずにいられない。それはものすごく後悔している。

私のまわりには少なからず、10代の頃にフェミニズムに出会っていたという友人もいる。話を聞くと、自分を含めた身のまわりに思い当たることがありすぎて、フェミニズムに出会えたことがエンパワメントになったという。私がそうならなかったのには、家でも学校でも社会に出ても、女性であることでの不平等を感じずにいられる環境だったことがあるのだと思う。でもたぶん、これだけのジェンダー不平等社会で、自分ごとと思わずにいられたということは、刷り込まれたジェンダーロールが自然に発動し、「女の役割」の範囲内で生きていたからでもあると思う。実際には、女性である私がその不均衡に気づかないほど巧妙に社会の仕組みが作用していたんだろう。

夫との結婚を決めてから自発的に会社を辞め、お寺にやってきて……という流れは、それ自体が女性に当てがわれた「あるべき姿」そのままだ。「あるべき姿」なんて本当はどこにもないのに。すっかりそういう価値観の中に生きていて、自分の状況に無自覚なだけだった。

表面上は一応、女であることを強制されたりせずに生きてこられたけれど、結婚して初めて「女の役割」らしきものが怒濤《どとう》の如く、朝から晩まで毎日押し寄せてきた。寺族＝僧侶の妻という鉛の鎧《よろい》のような何かを纏って生活するようになった。自分を封印してしまったような感じだった。寺という壮大な舞台装置に放り込まれ、99％の登場人物が私のことを「お寺のおくさん役」という前提で接してくる。

フェミニズムにまだネガティブなイメージを持っていたその頃の私は、それに抗うための明確な言葉もなく、ただ心細い思いでモヤモヤして、そこに馴染めない自分を責めるばかりだった。でも、そのモヤモヤこそがジェンダーロールや社会の不平等のせいだったし、それに気づきだすと本や映画、エッセイ、SNSなどあらゆるところに答えを探すことができて、私が感じてきたことはすべて誰かがひと通り体験してきたことだと知ることができた。そして、やっと正面から出会うことのできたフェミニズムは、とんでもなく広く深く、優しいものだった。

フェミニズムと出会ってみると、私のまわりにはあちこちに、何十年も前からフェミニストと公言している人がいることにも気づいた。私の周囲のフェミニストたちがとても優しいと思うところは、かつての私の「家＝寺」での悩みの原因が家父長制にあることを（たぶん）察しながらも、その悩みを受け入れて、それでも自分でいればいい、自信を持って、といつも励まし続けてくれたことだ。その時その時、段階を経て私の考えが変わっていくごとに、心から同意して尊重してくれた。だから私はゆっくりと自分のペースで、自分に起きていることに気づくことができたのではないかと思う。たぶん、人から指摘されても素直に受け入れられず反発していたかもしれない。

そして、こんなにもこってりと家父長制の構造を圧縮したような場所で、長いあいだジェンダーロールをまっとうしようと努力し続けていた私の中にも、ちゃんとフェミニズムは存在し続けていたとも感じる。ネガティブなイメージを持ちながらも、フェミニストたちの言葉がなんとなく気になって心の中に残り続けていたということは、何かしら引っかかるものがあったのだろう。

ずっと、家＝寺の中で苦手な家事（＝寺の仕事）をこなさなければいけないと思っていた私。それが仕事なのか家事なのかが曖昧で、常に抱いていた迷い。自信を持って「これが私の仕事だ」と言えないもどかしさ。焦り。私が寺に来る前に生きてきた時間が何の意味もなかったかのような無力感。寺での役割に違和感を持ちながらも、役割をこなそうとしていた自分。自分の力ではどうすることもできないと思いながらやり過ごしていた時間。消えていく私の意思。

そうやってモヤモヤとしていた箇所に、長らく「引っかかっていた何か」が、鍼灸《しんきゅう》の針のように、ほんの少しの痛みとともに、じわじわと効いていたようにも思える。

ある日急に、一生こんなふうに、退職もなく、ここで私の仕事ではないことを続けていくんだろうかと思い、閉塞感を感じてスイッチが切れてしまったタイミングがあった。

自分の家の中でだけ家事をするのと、家と仕事の境い目のない「家事のような仕事」とでは気の持ちようが全然違う。家での家事が楽だということではなくて、それが中途半端に仕事のようなそうでないような、宙ぶらりんなポジションにあることにモヤモヤしていた。家庭の中で、選んで主婦をしているのとは違う。僧侶の妻、寺の嫁だからやっている面も大いにある。家の家事の合間に寺の仕事がちょこちょこ混ざっている。

家事が得意とはいえず、要領も悪い、そして関心の持てないことには徹底的に興味を持てないということも、私に違和感を抱かせてくれるバロメーターになっていたと思う。もしもそれらが苦でなく、「おくさん」と呼ばれ続けることにも抵抗がなければ、自分の立ち位置に気づかなかったかもしれない。私は結婚当初から「おくさん」と呼ばれてもピンと来ることがなかったけれど、時間が経つにつれて違和感でいっぱいになり、そう呼ばれると元気がなくなっていく感じがした。「おくさん」は別に私じゃなくてもいいんだろうな……と思うと、なんだかおかしな感じだった。

こんなふうに考えていると、今度は自分の中から、どうして私はこんなに自己主張したいのか、そんなに自分が自分がと言わなくてもいいのに、なんて言葉が浮かんできたりもして、すると今度は、そんなふうに思わなくてもいいのに……と思ってまた疲れる、なんてことをいまだに繰り返してしまう。だからと言って、いまとなっては寺のために何かをして私を私と認識してもらうつもりもないし、何かで名を馳せたいというのも違うし、ただただ、何でもない「ただの私」でいたいだけなのだ。

性別欄に書くとすれば「女性」を選ぶことのできる私ではあるけれど、それだって私を表すのにベストな言葉かと言えばそうでもない。最近は性別欄で男性と女性以外の選択肢が選べることも少しは増えてきたけれど、だいたいの身体の特徴をもとに、とても大雑把に女性／男性の枠組みの中から選ぶなら「女性」かな、という感じだ。友だちにも「女性」が多い。でも、その中には考え方も身体の使い方も、誰ひとり同じ人がいない。なのにずっと、「女性」というだけで、誰かが勝手に描いた幻想に紐《ひも》づけられた女性の役割を求められ、私に関して言えば「お寺のおくさん」とされることに違和感しかない。

そして、そこから思うのは、性別が男女の二択しかないかのように設計された社会の中で、望まない役割を押しつけられる人、自分が望む自分でいられない人、社会の仕組みから排除される人の存在だ。私は「女性」の役割を押しつけられることが苦しいけれど、自分ではないものを押しつけられて苦しいのは女性だけじゃないはずだ。

「おくさん」とか「寺族さん」というのが、私に向かっている言葉でありながら、本当は私じゃない誰かに向いている。私がお寺での生活に順応しようとしたことは、場の空気に支配されて、無意識に誰かの書いた筋書き通りの自分を演じてしまったということ。まるでサスペンスホラーみたいな話だ。

それにやっと気づいたいま。ずいぶんと時間はかかってしまったけれど、私の感じてきた違和感や居心地の悪さが結果、私を助けてくれていたことになる。ずっとフェミニズムはあったのだ。

答え合わせ

結婚してお寺に住むようになってからというもの、どうにか寺の人間になろう、できることをしようと模索し続けてきた。フェミニズムに出会った頃の私でさえも、飾ることのない私のままで寺の嫁、僧侶の妻として何ができるかを考え続けたりして、私にできそうなことはすべてやり切ったのではないかと思う。

やり切るまでの私は、心のどこかで「何かが違う」と思いながら、でも在家から来た私は僧侶と結婚したことで起こるすべてを受け入れてここでやっていくしかないと、ある意味、私でいることを無意識に諦めていた。諦めてしまった私自身を、どうしてそんなにもすべてを受け入れてしまったのかと責めたくもなるし、後悔もたくさんある。そんなときに視点を与えてくれた本がある。『差別はたいてい悪意のない人がする』（キム・ジヘ著、尹怡景訳、大月書店）という本だ。

私も無意識に悪意のない差別をしているに違いないから、そうならないように学びたい……そう思って読み始めたこの本だけど、読み進めていくと、書かれている例の数々が、女性差別において差別される側にいる私そのものだということに驚いた。それまでにも、少しずつ学びながら、女性差別の構造のまっただ中に私もいるということをわかってきてはいた。けれども、差別される側の属性の人間がしてしまう行動の例の中に、私が寺に来てからしていたことがまるでそのまま書かれていて、初めて明確に、ああ、私は女性差別の構造の中に生きているんだと理解できたのだ。

たとえば、こんなことが書いてある。「構造的差別は、差別を差別ではないように見せかける効果がある」（80頁）ので、差別によって「デメリットをこうむる人さえも、秩序に従って行動することで、みずから不平等な構造の一部になっていくのである」。まさに寺でもこの通りのことが起きている。

妻たちは寺の構造の中で「僧侶の妻」として、時に宗教者の一端のように扱われ、寺にとって良い行いをした者は仏教界からも評価され、好意的に受け入れられる。仲間として認められるようなイメージだ。寺のために尽くし、成果が出るほどに、その存在が美化され、あるべき「お寺のおくさん」のお手本のようになってゆく。心から望んで選んだことならばいいのだけれど、それが正しく美しい例となって、選択肢がそれしかないように見えてしまうと、話が100%以上違ってくる。

『差別はたいてい悪意のない人がする』の第3章は「鳥には鳥かごが見えない」というタイトルなのだけど、このタイトルも私そのものでドキッとした。家も仕事も、すべてがアウェーで、お寺の中で生きることで精一杯。住む場所も食べものもあって、仕事らしきものもあって、そこの自由はある。でもそこには緩やかな序列があって、家と呼べるような自由さや安心感はない。それはまるで鳥かごの中にいるようで、それでも、自分から入った鳥かごなのだから不平は言ってはいけないし、わきまえなくてはと思い続けてきた。

また、同書の中では、被差別属性の人は「差別を受けていることを認識しながらも、みずからが足りず、劣等なせいだと思うため、差別に抵抗することもない」（72頁）とも言っている。私もこんなふうに、鳥かごが見えていない状態で、私が女性差別の構造の中にいると認識できないまま、モヤモヤしながら「私が足りない」「私が悪い」と思い込んできた。抵抗するとかしないとか考えるところまでもたどりつけず、鳥かごの存在に気づくのに20年近い時間がかかってしまった。

私の苦しみがこのような構造的なものだとわかったいま、だいぶ楽にはなったけれど、それでもまだ自分を責めてしまうことがあるし、変えられない、変わらない、思うように動けずにいる自分をみじめに感じたり、一方ではいつまで被害者のような振る舞いをするのかと責めてしまったりと、違和感の正体がわかってもまだぐるぐるすることがあって、課題は山積みだ。

でも、私のこんな思いはもうこれでおしまいにしたいし、社会的にも終わらせていきたい。もしかしたら何かのきっかけで簡単に崩せるかもしれないし、何億年もかかるかもしれない。

ジェンダー不平等が当たり前の日本では、日常にちりばめられた差別の構造に女性が気づくことさえ難しい。人間である前に女性であれという圧があるし、女性は小さな頃から性的な視線で見られても当然ということになっている。

寺に関して言えば、町の寺は組織と家庭が入り組んだ状況にあって、暮らしていればさまざまなしがらみも絡んでくるから、これらの構造に気づいても声にするのがとても難しい。女性差別の構造は組織が作り出したものなので、決して個人と個人、個人と家族の問題だけではないのに、結婚も結婚後のことも、それぞれの個人に任されている。寺によっては、僧侶と結婚するなら寺を手伝うことが当たり前になっていて、女性の人生を取り込んで寺を運営する仕組みになっている。それがまるで尊い営みかのように、いち宗教団体が個人の人生に、個人と個人の結婚に踏み込んでいる。そんなのおかしい。この問題に声を上げ続けている方々もいるけれど、女性たちが寺に順応していく美しい話を前に、上げられた声が大きく取り上げられることは少ない。本来、仏教界で大きな声を出せる男性僧侶たちからの働きかけも、なくはないようだけれど、少なくとも目に見えるところにはない。

『差別はたいてい悪意のない人がする』の中には、こんな言葉もある。

私たちは疑問を持ち続ける必要がある。世の中はほんとうに平等なのか。私の人生はほんとうに差別と無関係なのか。視野を広げるための考察は、すべての人に必要だ。私には見えないものを指摘してくれるだれかがいれば、視野に入っていなかった死角を発見する機会になる。考察する時間を設けるようにしないかぎり、私たちは慣れ親しんだ社会秩序にただ無意識的に従い、差別に加担することになるだろう。何ごともそうであるように、平等もまた、ある日突然に実現されるわけではない。(同書85頁)

これは構造の中で有利な立場にいる人間に向けられた言葉だけれど、もちろん、私もちょっと角度を変えれば有利な立場にいるわけで、だから私も疑問を持ち続けなければいけない。この構造に気づいた私が黙っていたら、私自身もこの女性差別に加担することになってしまうから。

私はもうこれ以上この構造に加担したくないし、誰にも同じ目に遭ってほしくない。これまで声を上げてきた方々の声も、もっと聞かれてほしいし取り上げられてほしい。仏教界の男性たちも、仕方がないことだと諦めないで真剣に向きあってほしい。たぶんそれは、仏教界の男性たちの生きやすさにもつながるのではないだろうか。誰にだって思想の自由や信教の自由、職業選択の自由があって、個人の尊厳は守られるべきなのだから。

2024年4月に始まったNHKの朝の連続ドラマ『虎に翼』の中で、主人公の寅子《ともこ》が投げかけた言葉がとても力強く印象的だった。覚えている方も多いだろう。

「私たち、すごく怒っているんです」というセリフから始まり、女性であることを理由に、できないことが多いのは、法律そのものが女性を虐《しいた》げているからだと断言する。そして「生い立ちや信念、格好で切り捨てられない。男か女でふるいにかけられない社会になること」を願うと言ってから、こう言い直す。

「いや、みんなでしませんか。しましょうよ!」

男か女かでふるいにかけられない社会を、願うだけでなく、祈るだけでなく、変えていくのは、他でもない私たち一人ひとりだ。

母のこと

この数年、私の母に認知症の症状が見られるようになって、介護認定を申請することになった。ケアマネジャーとの面談などに同席する機会が何度かあり、普段の母のようすを伝えたり、母がケアマネジャーとおしゃべりするのを聞いたりした。

面談の席でのこと。ケアマネジャーが母に基本的なことを質問する中で、昔どんな仕事をしていたのかと訊いてきた。その質問に母は「〇〇の病院で看護婦をしていた」と答えた。母が看護師をしていたのは50年以上前の話だ。父と結婚するときに仕事を辞めて、一緒に自営業を営んでいたので、その後に生まれた私は母の看護師姿を写真の中でしか見たことがない。だけど母の口からは結婚前の職業が真っ先に出てきて、私は心の中でひっそりと驚いた。看護師の仕事よりもずっと長く父と営んでいた自営業の話は、その瞬間には出てこなかった。その後、私と姉が「お父さんとお店をずっとやっていたよね」と声をかけて、やっと付け加えるようにお店のことを言う程度だった。頭の中で順を追って言っただけかもしれないけれど、もしかすると母も、私と同じように「当たり前」に夫の仕事に合わせていたのかな、などと思った。

たまに母のようすを見に行くと、以前はほとんど口にすることがなかった、小さかった私たち姉妹を育てていた頃のことを口にすることが少し増えた。父と母で営んでいた自営業のお店だけれど、やはりというか、当時の当たり前で、母が三食ご飯を作り、私たちの習いごとや病院の付き添い、学校行事への参加などのすべてを担っていた。当時のことなので、それで父を責める気はないけれど、あるとき母が、笑い話のように「お父さんが用事とかで出かけちゃうと、私が朝ひとりでお店を開けて、夜にひとりでシャッターを閉めて、家に帰ってみんなのご飯を作って、なんで全部ひとりでやらなきゃいけないの〜？　って涙が出そうだったわよ」と語った。

あの頃の親なんてそんなもの、父親なんてそんなもの、そう思っていた私は、その日初めて母の口からワンオペでの子育てが大変だったと聞いて、当時の母の思いを知った。あの頃の母親がひとりで子育てや家事を担うのも、私は当たり前だと思い込んでいたのだ。

これも時代や環境なのだろうけれど、母もしっかりとジェンダーロールに則《のっと》った考えの人なので、「ひとりで何でもするのは大変だったけど、そういうものだから」という考えでいるのかと勝手に思っていた。でも、「涙が出そうだったわよ」という言葉を聞いて、私はやっと「やっぱりそう感じるものなんだな」と思ったし、きっとたくさんの人が、ジェンダーロールに則りながら、そういう気持ちや言葉を飲み込んできたのだろうと思うことができた。

そういえばこの数年、英語の勉強を始めてから思い出したことがある。私が小学生の頃、母は近所の英語教室に通っていたことがあったのだ。私も母について行って、部屋の隅で遊びながらレッスンが終わるのを待っていた。そのときの話を母にすると、「あぁ、英語ね。私なんかが勉強していても仕方がないと思ってやめたのよ」と言った。

「私なんか」。

思い起こせば、父はよく旅行をしていて、母はそのあいだ、ひとりで店番なんてことがよくあった。母が私たち姉妹を連れて行く旅行もあったし、たまには家族旅行もしたけれど、それは数える程度だった。当時の母の思いをたくさん聞けたわけではないけれど、そうやって当たり前に自分のことを後回しにして、何かを諦めざるを得なかったのだろうと思うと、少し悲しくなった。一方で、以前はそんなことも聞いたことがなかったので、いまになって少しずつでも当時の思いを聞けることは嬉しいし、母のそういう一面を見られてなんだか安心してもいる。

「諦めざるを得なかった」といえば、以前読んだ記事でとても印象に残るものがあった。現役女子サッカー選手の下山田志帆さんと、若者の政治参加を支援するNO YOUTH NO JAPAN代表の能條桃子さんの対談で、「サッカー界のジェンダー不平等の現状」をテーマにしたものだ(「『〝諦めてる〟って感覚すらない』サッカー界の男女不平等、現役選手が募ったアンケートで如実に」ハフポスト日本版、2023年3月8日)。

能條さんは2021年に、東京五輪組織委員会会長(当時)の森喜朗氏の女性蔑視発言の再発防止を求める署名活動を行った。その際にスポーツ選手たちにも声をかけたのだが、選手自身が男女不平等に対して声を上げることがタブー視されているようすが強くうかがえたという。それに対して下山田さんは、女子サッカー界は「諦めてるって感覚すらないぐらい、男女不平等な状況が〝当たり前〟になってしまって」いると語っていた。

「諦めてるって感覚がない」。怖いことだけれど、本当にこの言葉の通りだと思った。あらゆる場所で、「諦めてるという感覚」のないままに生きている人たちがいまもたくさんいるだろう。私も、自分の人生を諦めていたとは思ってもみなかったし、まだまだ無意識に諦めていることがあるだろう。

こうして実家のことを書いていると、父がとてもひどい人のように思われそうだけれど、当時の〝当たり前〟なのだからそこは変えようもないし、父も父で、「男らしさ」を強いる風潮や学歴社会の中で、中卒で社会に出て、もがきながら必死で生きてきたことが垣間見えたりもする。政治家などの公人がアップデートできないままの古臭い価値観をまき散らすのはあり得ないことだけれども、こういう極めて個人的な場でアップデートうんぬんを言っても、それを変えるのは難しい。なので、母と父の会話を聞いていて「おや？」と思うことがあっても、口は挟まず踏み込みすぎないようにして、病院など家の外で父がおかしなことを言ったら、そのときは全力で外向けにフォローするようにしている。

いまの父と母が対等な関係だとは決して言えないけれど、二人には二人が積み重ねてきた時間がある。母に認知症の症状が出始めてから、私も以前より頻繁に実家に顔を出すようにしていて、初めの頃は父のやり方にいちいち突っかかっていたけれど、いま父は献身的に母のケアをしている。そして、いまになって母のしてきた買いものやご飯の支度、掃除洗濯が大変だとわかったと言っている。いまの私の感覚では、うっと思ってしまうような父の言動もエベレストほどあるけれど、ちょこちょこ口を挟みつつ、それはそれだと思えるようになった。それでいっか、と思っている。

寺での子育て

「寺の嫁」は使いやすい住み込みの家政婦、というのが、ここで暮らしながらフェミニズムに出会った私の答えだ。そんなことはずっと前から言われていたことなのだけど、気づくのに時間がかかってしまった。

寺の住職である夫とは、個人的にどう対等であろうと頑張っても、そもそもの妻帯仏教の歴史が矛盾にあふれていて何の整合性もなく、寺のことと家族の生活がごちゃまぜになっているので、すべてにおいて対等とは言いがたい。

私は研究者でも何でもないし、寺の妻たちとの交流が広くあるわけでもないので、個々のお寺の事情や統計など詳しいことはわからないが、家族経営が続いているお寺はだいたいたいが、そのまま家族経営を続けていくようだ。子どものいない夫婦だけの寺では僧侶を養子にしたり、僧侶とその妻が揃って養子になることもあるらしい。子どもが女の子の場合は僧侶と結婚するか、夫となると決まった人が、結婚するために修行に行って僧侶になる、なんてことも聞く。

最近はそうでないことを願うけれど、私が知る寺の多くでは、男の子は小さな頃から僧侶への道を示され、女の子にはその道は示されない。女の子は男の子と同等の力を持ち得ないということを見せつけられ続ける。そんなつもりがなくとも、していることは要するにそういうことだ。

家族という関係の中で、生まれてきた子どもに親の期待をかけて家業を守っていくというのは、寺にとっては当たり前かもしれないけれど、果たして健全なことなのかと思う。もちろん、家族や環境が子どもに影響を及ぼすことはあるだろうけれど、イエの存続のための子育てというのは……はて？

そんな中、身近なことで思うのが私の子どものことだ。私は妊娠がわかったときから、もしも男の子が生まれたらどうしよう……と考えて憂鬱な気持ちになっていた。男の子が生まれることによって起こるであろうことに耐えられるだろうか、と。

もちろん、どんな性で生まれてこようと、子どものことが愛しいことには違いない。でも、もしも生まれてくるのが男の子だったら？　なにか子どもを寺に取られてしまうような気持ち……

少なくとも、子と親という関係性だけではない世界になるような気がして、考えると心が重かった。もちろん、子は親のものでも誰のものでもないけれど、私とはまったく違う世界に行ってしまうような、取り上げられてしまうような、他の誰かの所有物になってしまうような、うまく言葉にできないけれど、そんな不安な気持ちがあった。

もしも男の子が生まれたら、どう考えても女の子とは違うふうに喜ばれて、「跡継ぎができてよかった」「これで安泰だ」などと言われる未来が見えていたし、子どもの将来や私の子育てに、寺の存在が大きくのしかかることがただただ怖かった。だから、女の子が生まれたときはとても安心した。余計なものに子どもとの時間をかき乱されずに済む。

私はもともと、寺に生まれたからといって子どもの将来が決められていることに納得していなかった。まだ何もわかっていない子どもに「そういうものだ」と植えつけるために、小さな頃から僧侶の手伝いをさせるということにはどうしても納得がいかない。一方で、女の子なら僧侶と結婚して寺を継げばいい、という考え方もおかしい。

子どもの人生は子どものものだ。自分の人生は自分が決めればいい。女の子は生まれたことをそのまま喜ばれるのに、男の子は何かしらの期待を背負わされた上で喜ばれる。それは健全なことだろうか。

どうして多くの寺では「家族であること」が重視されるのだろう。寺を継ぐために養子になるというのも家族重視の表れだ。お釈迦様の教えはそういうものだったんだろうか？　少なくとも、手塚治虫の『ブッダ』では、そんなことは垣間見えもしなかった。

お寺の家族経営がどうして大事なのか。ずぼらな私の頭で最初に思いつくのは、楽だから。違うだろうか。僧侶が結婚できるようになったのが明治時代だから、代々（といっても4～6代くらい？）ずっと暮らしてきて、それも家族という「絆」みたいなもので保たれている職場と家を、ある日他人に明け渡さないといけないとしたら、荷物をまとめるのも仕事の引き継ぎも、それは大変だろう。その点、家族という装置で結びつけておくのは便利で簡単なのでは、などと考える。そこに「嫁」という小間使いが来たら、お檀家さんのことや寺務の方法、電話対応、掃除等、決まった形で引き継がなくてもだんだんとできるようになってくれる。外から「嫁」なり「婿」なりを迎えるにしても、子どもが小さな頃から寺での家族のあり方はそういうものだということを見せておけばロールモデルになりうる。

実質的には親が子の将来を決めてしまっているその理由が、親の安心やメンツのためというのは間違っているだろうか。親と同じ宗教を信仰するものだと思い込まされ、親の仕事を継ぐようになっている。もちろん、多くの場合は子どもは自分の意志で寺を継いでいるのだろう。小さな頃から仏教に触れてきて、僧侶という仕事を心底大切にしている方々がほとんどだろう。私は家を継ぐとか継がないということがないところから寺に来たので、簡単に言えているのかもしれないけれど、だからこそ言いたい。

私の場合、生まれてきたのが女の子だったから「余計なものに子どもとの時間をかき乱されずに済む」と書いたけれど、実はそんなことはなかった。「継がせる」ということとは別のところで、寺での子育ては私を悩ませ続けた。

娘たちには寺から自由でいてほしいと願った私は、彼女たちが生まれ育った環境である寺から過度に遠ざけようとしてしまったのではないかと思っている。もしかしたら本当は、仏教や寺にとても興味があったかもしれないのに。たぶん娘たちから見ても、私が仏教に熱心でないことはわかっていただろう。それが娘たちに、仏教に興味を持たせない圧になっていなかっただろうか。私の言動が彼女たちをコントロールしていなかっただろうか。寺に取られたくない一心で、彼女たちのまわりに囲いを作っていなかっただろうか。呪いになっていないだろうか。

娘たちにとっていちばん身近な大人だから、良いことも悪いことも影響を与えているだろう。でも、どちらの方向にしても余計なコントロールはしたくなかった。娘たちももう大人なので、これからは自分で選んで好きなようにやっていくと信じているけれど、いつも自責の念を感じている。

娘たちが小さな頃、私自身も「お寺のおくさんだから（なのに）〇〇なんだね」と言われることがよくあってモヤモヤしたし、子どもたちに対しても「お寺の子だから〇〇なんだね」と言われることがあった。そのたびに私は、お寺は関係ないと否定しなくてはいけなかった。そうせずにいられなかった。「お寺の子」じゃない、この子はこの子だと、言葉にせずにいられなかった。

子育て中、お寺に住んでいなければ対峙せずに済んだ何かといつも対峙しなければいけなくて、その時々でできる精一杯の子育てをしたつもりだけれど、ここで子育てできてよかった！とは思えていない。いつもジレンマでいっぱいだった。生きていれば、何からも自由でいるのは難しいだろう。それでも寺からは自由でいたかった。継がせることと過度に遠ざけること、どちらもコントロールしていることには変わりない。

私が寺に順応できていたら、こんなことで悩むことなく子育てに目を向けられたのかもしれない……などという考えが頭の片隅にちらつくこともあるけれど、いやいや、そもそもどうして私がこんなに悩まなきゃいけなかったのか、という話である。

「お母さんの請求書」

子どもが小学生だった頃、学校公開があって、道徳の授業で「お母さんの請求書」という題材が扱われていた。小学生の子どもが家の手伝いをしてお母さんに請求書を渡す。お母さんはその子にお小遣いを渡し、今度はお母さんが子どもに日頃の家事の請求書を渡す、というもの。ただし、お母さんからの請求書はすべて0円となっている。それを見て子どもは涙を流す……という内容だった。

授業ではこれについてどう思うか、さまざまな意見が出されていた。といっても、私のおぼろげな記憶では、話し合いの結論は、家事が無償なのは当たり前で、お母さんの無償の愛で家庭が成り立っている、だから感謝しよう……というようなものだった。お母さんの家事も労働として認められたらいいんじゃないかと強く思って、手を挙げて発言したいのをこらえて帰ったのはよく覚えている。

このときはジェンダーロールなどという言葉も知らなかったけれど、いま考えてもやっぱりこの教材には違和感しかない。「お母さん」に無償の愛を全面的に押しつけるところからスタートしていることや、お母さんが私の愛は無償だと伝えたいわりには請求書に「0円」という金額を書いて返すこと。子どもに特定の家族観を刷り込みたい感じが満載だ。30年、40年前の教科書だったら10億歩譲って「まあ、あるよね」と言えるが、検索するとこの教材の指導方法などが見つかるので、まだ使われているようだ。

父母や祖父母など、どんな関係性にしろ、保護者が子どものケアをするのは、基本的にはその通りだろう。でもそれだって事情はそれぞれだ。しかも教科書が、母の愛は無償だと勝手に押しつけている。お母さんが子どもに0円の請求書を渡すのもなんだか重い。だったらまだプライスレスとでも書いたほうがライトでいい。いろんな思考パターンの人がいるから、こういう表現をする人もいるのだろうけど、無償の愛というわりには押しつけがましい。妄想が膨らんで申し訳ないけれど、このお母さん、子どもが大人になってから「せっかく産んでやったのに」とか「無償の愛であんなにしてやったのに」とか言いそう。マンガの『逃げるは恥だが役に立つ』（海野つなみ作、講談社）のほうが断然良い教材になると思う。

こんなふうに、子どもの学校の授業でモヤモヤと腹を立てて家に帰ると「母」や「寺の嫁」という役割に追われることになる。実際にはいつもバタバタしているわけではないけれど、気持ち的にはそんな感じだ。

そういうことのすべてに請求書を書くとしたらどうだろう。朝ご飯の支度〜をしながらお供えするお茶などの準備をしながら洗濯〜からの食事の片づけ〜からの掃除をしながらついでにお寺の掃除。終わってのんびりしていたら電話応対。それが終わってひと休み、と思ったらお客様。時には何の訓練も心の準備もないまま、突如カウンセラーのように話を聴くことになったりし、その後グッタリなんていうことも。家族もいるので当然、全部をひとりでするわけではなかったけれど、のんびりできるようでいて、のんびりできない。いつも家事と仕事が続いているようだ。

あるとき、NHK-BSのドキュメンタリーで「女性がいなくなった！ 男女平等の国アイスランド」という番組を観た。在アイスランド日本国大使館のホームページによると、アイスランドでは1975年10月24日に「女性のストライキ」が行われた。その日、アイスランドの全女性の9割が職場や家庭労働を放棄し、そのストライキに参加したという。


今でこそ、男女平等が世界一進んだ国、として何かと話題にのぼるアイスランドですが、歴史を遡れば、70年代の半ばには、決して女性の地位は高くありませんでした。

今日では閣僚の半数、国会議員のほぼ半数が女性ですが、当時、女性閣僚はゼロ、議員も全60名中、3名しかいませんでした。働く女性の数、就業率は年々高くなってきていましたが、女性が働いて賃金を得るのはあくまで副業、との意識が根強く、男性との賃金の格差も大きいものがありました。また、育児や家事、農場での家畜の世話など、女性が伝統的に従事する仕事が経済的に正当に評価されない事情がありました。

しかし、このような全国的なストライキを組織し、参加者を動員するのは、いかに人口の少ない小国とは言え、大変だったはずです。そのようなストライキを歓迎するような職場や家庭の雰囲気はなかったはずなのですから。（在アイスランド日本国大使館ホームページ「大使室より（女性のストライキ）」www.is.emb-japan.go.jp/itpr_ja/amb.suzuki2023128.html）

寺で働く妻たちが正当な賃金の請求書を出したら、どんな額になるだろう。いっせいにストライキをしたら、妻に雑務を任せている僧侶たちはいつも通り働けるだろうか。

妻は無能力者？

前でも触れたＮＨＫの朝の連続テレビ小説『虎に翼』の第1話では、「すべて国民は、法の下に平等であって、人種、信条、性別、社会的身分又は門地により、政治的、経済的又は社会的関係において、差別されない」という日本国憲法の第14条が読み上げられた。このドラマを２０２4年の9月現在、毎日熱く観ているのだけど、主人公の寅子が法律に興味を持つきっかけとなったシーンで、明治民法では妻は「無能力者」とされていたというセリフが出てきた。

「妻は無能力者」という言葉を聞きながら、私は身近なあることを思い浮かべていた。私は僧侶と結婚しただけなのに、曹洞宗の憲法とも言える「曹洞宗宗憲」なるものの「寺族規程」なんていうありがたい規定の範囲内に存在することになるらしい。十数年のあいだは、そんなものがあるのかと聞き流していたし、強い拘束力もなく無視できるものではあるけれど、それでも気持ちのいいものではない。そして、深掘りせず聞き流していたつもりでも、気になり続けてはいたのだった。

曹洞宗の僧侶と結婚すると、寺にいっさいタッチせずに外で働く妻たちでさえも、寺族簿に当たり前のように登録され、寺族会という妻たちの学びや交流の会の当番が地区ごとにまわってきたりする。そのために有給休暇を取るなんていう話も聞いたことがある。私といえば、それまでにも何度も地区の寺族会に顔を出すよう家族に言われてはいたものの、やはり面倒だし怖いし、そういうの苦手だし……と全力で避けてきた。

寺族会で妻たちがつながることで、夫ありきで寺に暮らす不安定な立場が守られていたという面もあるようだし、世代や地域によってはいまでも大切な情報交換の場になっているようなので、そのすべてを否定するつもりはないけれど、少なくとも私が参加したときには、その成り立ちや理念が伝えられることなく、ただ存在していることを不思議に感じた。

当時の私はまだ、よき寺族でありたい、寺のために尽くしたいと思い始めた頃だったし、面倒ではあるけれど、子育ても一段落してもう逃げられない……と観念しつつ、肩に力の入った状態で参加していた。でも、よき寺族でありたいと思う一方で、ここでも違和感を感じた。妻というだけで集まって、志も共通の目的もないままに共に学んだりしていることが疑問だったし、夫の立場や寺の規模による上下関係が垣間見えたりもした。それってどういうこと？と思うと同時に、本当にこんな世界があるんだぁ、とも思った。

もちろん、会に参加しないという選択肢はあるけれど、断りにくい理由（しがらみやしがらみ、そしてしがらみ等の）にさらされている人たちもいるようだった。私はもう二度と顔を出さないと決めたけれど、寺や地域の状況から、そう簡単に断れない人も多いだろう。

話を「寺族規程」に戻せば、それがどんなものかというと、このように書かれている。

◆寺院に在住する僧侶以外の者のうち、宗門の宗旨を信奉し、かつ、寺族簿に登録されたものは、「寺族」という。

◆寺族の「任務」は次のように定められています。

「寺族は、本宗の宗旨を信奉し、住職（兼務住職、代務者及び特定代務者を含む。）に協力し、ともに寺門の興隆、住職の後継者の育成及び檀信徒の教化につとめなければならない。」

（曹洞宗宗憲「寺族規程」より）

誰がどう文言を作ったのかはわからないけれど、限りなく男性僧侶目線を感じる。というか、おそらく男性だけで作ったであろうこの規程は、平たく言うと「俺と結婚したら俺たちファミリーに入って、俺たちの妻名簿に名前のっけてやるから、俺たちの仕事を全力で応援して協力して、弟子を立派に育ててくれよな」という決まり、いや、掟《おきて》だと解釈している。この解釈は間違っているだろうか。

そんなに嫌なら結婚しなければよかったじゃないかとか、わかっていたなら諦めるしかないと言う人もいるけれど、強制力はないにしても、２０２５年にまだこの文言を存在させ続けている人権感覚のほうがおかしくないか。誰も問題だと思わないのか？

妻たちをこれ以上利用するな

私にはこの寺族問題をちゃんとわかっているという自信がないのだけれど、駒澤大学教授の熊本英人氏の論文「近代仏教教団と女性（一）――曹洞宗における『寺族問題』」（『駒澤大学禅研究所年報』13・14号）によると、妻帯仏教というのは明治5年（１８７２年）に「僧侶の肉食妻帯勝手たるべし」とした太政官布告１３３号から急速に進んだのだそうだ。それでも曹洞宗は、明治31年（１８９８年）までの宗制では妻帯を認めなかったとある（宗制というのは、宗憲の下位にある法律のようなもの）。そして、この論文の中には「明治30年前後の仏教界における妻帯公認の論調」

という史料があるのだけど、ここに現在もよく聞く「寺族ならではの長所」が書かれていることに驚いた。

檀信徒と接触する場合、住職より言葉や態度の穏和な梵妻〈妻〉の方が親近感を与え寺院運営に有利であり、それだけ僧侶は教学事相伝道布教などの仕事に精励出来る。

びっくり。

びっくりついでに今度は「梵妻」という言葉を調べてみたところ、梵妻と書いて「だいこく」と読むらしく、「僧侶の隠し妻をいう。ぼんさいとも読み、また大黒とも書く。大黒は厨房に祀《まつ》られる神であることから、寺院の飯炊き女をさした。転じて……」（『日本大百科全書ニッポニカ』小学館。ネット辞典「コトバンク」より）と出てくる。

僧侶の隠し妻。寺院の飯炊き。なかなかのパワーワードだ。

いろいろ取り繕って、寺族という存在があたかも宗派の一員であるかのように思わせる仕組みが社会にも仏教界にもちりばめられているけれど、その本意は「寺院の飯炊き女」から変わってないのではないか？

僧侶の妻たちの権利に関して、仏教界がどうしていくべきかという議論は身近にあるものではないけれど、ネットで調べるだけでもけっこうたくさんの資料が出てくる。寺院内で、僧侶の妻がどうしたらその人らしくいられるか、妻の活躍の場をどう作っていくかということについては、多くのアイデアや実践例もある。それももちろん、とても大切な視点だ。結婚してお寺に来た人が、その人のスキルやアイデアを活かそうとしたときに、いつまでも僧侶の応援団やマネージャーのような扱いで対等でないのは大問題だ。妻を尊重する、だけどやっぱり俺と並ぶな、俺より前には出るな、では困るのである。

ただ、もっと根本的なことを言えば、私はもうこれ以上、寺という宗教の場に、妻となる人間を巻き込むな、女性を利用するな、宗教で人を支配するなと言いたい。

ネット上では、僧侶が一般人からの疑問や質問に答えるコンテンツがあって、僧侶との結婚を控えた女性や、お寺の暮らしに心細さを感じている妻からの相談に答える、なんていうのを見かけることがある。「どうせまた〝ありがたい〟とかって言うんだよ……」と思いつつ、頑張って読んでみるとだいたいはやっぱり、「お寺にいられるなんてめったにできないありがたい体験だ」とか「貴重なご縁だ」とか、迷える人を取り込むかのようなホラー回答が見受けられる。「結婚することが僧侶にとっては修行になり、僧侶の支えになる」とか「女性の持つ能力は寺にとって力になるから、寺や住職にぜひとも協力してほしい」などというものもあった。ネット上で見たものなので、これらがいつ頃回答されたものかはわからないけれど、実際にいま起き続けていることと違いがないし、まだ見られる状態にあるということは、それがいつ書かれたものなのかはあまり意味がないのかもしれない。

僧侶たちの回答はことごとく、僧侶を中心に世界が回っていて、僧侶である自分の人生を充実させるために妻は協力してくれ、というものばかりだ。妻の意思をうかがい、寺を手伝うという前提での結婚によって妻の人生がどう変わるかという視点のものを、少なくとも私は見たことがない。それっぽいものがあったとしても、寺に来て居場所のない妻を俺がなんとかしてあげよう！ 居場所を作ってあげたよ！ という感じだし、やっぱり結論はだいたい「お寺というありがたい場所に飛び込んでみてください！」というものだ。

以前はこういうものを見ても、なんだかモヤモヤするだけだったのに、構造を知ってからこれらの回答を見るととても怖い。まるで宗教の勧誘だ。

あれやこれやと言い訳を並べて獲得した妻帯仏教の正当性と、150年近く家族経営でお寺を運営してきた既成事実を捨てるのは難しいのかもしれないけれど、そのためにいつまでも女性を寺の掟に巻き込み、女性の人生を搾取し続けていいのか。いいかげん、自分たちの生業やお寺の未来にばかりでなく、日本の仏教界が女性の存在を軽んじていることに気づき、そこで起きている女性差別に目を向けるべきではないか。

ジェンダー平等について語るときによく「男性は下駄を履いている」という表現が使われる。これまでは単純に言葉通りに捉えていたけれど、友人と話していて、その下駄の正体は女性なのではないかという話になったことがある。それとも、もともとそういう意味で使われていたのだろうか。よくできた下駄（妻、寺族）だとか、いい下駄（嫁）が来たとか。妻帯仏教の仕組みはまさに、女性を僧侶の下駄と位置づけるものなのではないか。

もしかして僧侶の側からすると、結婚は個々が望んだことだし、在家からいらした寺族の皆さんには寺に住む資格を与え、年に数回の研修もあるからご心配なく、などという伴走型の思考なのかもしれない。だけど、繰り返すけれど、婚姻は個人と個人のものだ。日本ではいまだに選択的夫婦別姓も同性婚もかなわず、国の政策が個人間の結婚に制限をかけている状態だ。国のことなので、もちろん仏教界にも影響しているし、仏教界自体が進んで国の方針と同じようなことをしていないか。

私の結婚は家のものでなく、寺のものでもない。ましてや仏教が、宗教が、個人間の婚姻のかたちに介入するなんて本来あってはならない。これって「女性」だけの問題だろうか。もしかすると、そのせいで望んだ人と、望んだかたちの結婚をできなかった僧侶もいるのではないか。仏教界には一応、僧侶は結婚すべし、などという掟はないと思うけれど、まわりから結婚しろという圧を感じて苦しい人だっているんじゃないのか。結婚しないという選択に苦しさを感じてきた人もいるのではないか。妻帯仏教に縛られているのは女性だけではないはずだ。

特別対談

仏教界のジェンダー平等とお寺のこれから

西永亜紀子×森山りんこ

浄土真宗の坊守《ぼうもり》（住職の妻）を経て、女性僧侶として仏教界のジェンダー平等やSDGs推進の活動に取り組んでいる西永亜紀子さんにお話をうかがいました。

西永亜紀子（にしなが・あきこ）
浄土真宗本願寺派僧侶。2018年「SDGsおてらネットワーク」を設立、ジェンダー平等をはじめとするSDGs推進に仏教徒の立場から取り組んでいる。

昔の私に読ませてあげたかった

――最初に、原稿を読んでのご感想をうかがえますか。

西永　とても共感しながら読みました。読みながら「そうそうそう！」と首がもげそうに頷《うなず》いたり、拍手したり（笑）。私の場合、浄土真宗なのでお寺のおくさんを「坊守《ぼうもり》」と呼ぶのですが、私が坊守をしていた頃に感じていたモヤモヤとか、でもそれは自分のわがままなんだろうか、私が我慢すればいいことなのか……という不安など、感じていたものがすべて詰まっているみたいで。いまの時代はネットがあるので、同じような境遇の人を探せば見つかるかもしれませんが、私の頃はそれもなかった。だから、いちばんの感想は「昔の私に読ませてあげたかった」ですね。読めていたら、どれだけ気持ちが救われたか。

――とっても嬉しいです！

西永　当時は私ひとりで悶々と考えていて、他にも同じような人がいると思えなかったから孤独でした。他のお寺の坊守さんともつきあいはありましたが、そういう場では皆さん、いい部分しか見せない。着飾って、にこやかに給仕をしたり、お互いを褒め合ったり。そんな中ではモヤモヤとか本音を話せないですよね。

——わかります。その場にいない夫の話で盛り上がって、とにかく褒め合うんですよね。

西永　そういう姿ばかり見ていると、こんな不満を持つのはわがままなのか、って自分を責めてしまう。だから、いままさにお寺の中でモヤモヤしている人、理不尽に感じながら我慢している人たちにこの本を読んでほしいですね。

——そう言っていただけて本当によかったです。

浄土真宗では女性住職も一般的

——西永さんと仏教のかかわりを、あらためてうかがえますか。

西永　私は和歌山の浄土真宗本願寺派のお寺の次女として生まれました。なので、生まれたときからお寺にいて、仏教が身近にあったという感じです。ただ、子どもの頃はそこまで深く学んだり、お寺のお手伝いをしていた記憶はありません。

両親はそこまで古い考え方の人ではなかったと思いますが、やはり時代が昭和なので、女の子は控えめなほうがいいとか、法事のときはお茶出しが女の子の仕事とか、そういうことは言われましたね。お坊さんが通るときは畳の端っこで正座して座っていなさいとか。でも当時は日本中がそんな価値観だったと思いますし、とくにそれに違和感を持つこともなかったですね。

二人姉妹だったので、私か姉のどちらかが僧侶と結婚するか僧侶になって、お寺を継いでほしいということは言われていました。

——ご両親は、娘さんが僧侶になるのでもいいと考えられていたんですね。

西永 はい。浄土真宗では女性の僧侶も少なくなくて、住職になる方もいますから。結果的には、姉が僧侶の夫と結婚して実家のお寺を継いだのですが。私は龍谷大学短期大学部仏教科というところで2年学んで、卒業後は一般企業に勤めていましたが、姉がその頃に僧侶としての専門的な資格を得ました。それも、お坊さんにお経を教えることもできるような、少しレベルの高い資格を。それを聞いてちょっと焦ったというか。私は大学であまり真面目に勉強しなくて、ほぼ学食に食べに行くところという感じだったので(笑)。自分も少しちゃんとしないといけないと感じたんですね。それで、25歳で一度仕事を辞めて、浄土真宗の中央仏教学院という、お坊さん養成学校みたいなところに入り直しました。

——ご実家はお姉さん夫婦が継いだんですね。お姉さんも僧籍（僧侶の資格）は持っているわけだから、二人のお坊さんがいるという形ですか?

西永 僧籍は二人ともありますが、夫が住職で姉が坊守という位置づけです。浄土真宗の宗則の上では、住職と坊守は共同してお寺を運営するとされ、名目上は同列の関係なんですね。でも実際は、やっぱり住職がトップで、坊守はサポート役という関係になっています。

――坊守さんというのは、住職の妻という以外になにか資格が必要だったりするんですか。

西永　資格などはないですね。住職の配偶者というだけです。逆に、女性と決まっているわけでもないので、妻が住職で夫が坊守という例もないわけではありません。全国でも数えるほどしかいませんが。

――ご両親は、お姉さんが住職になるよりは、結婚相手を住職にと考えていたんでしょうか。

西永　どうでしょうね。そこはそんなにこだわっていなかったと思います。むしろ身内である姉に継がせたいという気持ちもあったかもしれません。

――そうなんですね。そこは宗派の違いを感じます。曹洞宗で、娘に僧侶になってほしいと考えている人は、私の知る限りではごく稀です。

西永　そうかもしれませんね。

――たしかに、築地本願寺では女性僧侶も普通に見かけますね。

西永　浄土真宗本願寺派の全体でおよそ3万人あまりの僧侶がいますが、そのうち3割近くが女性です。

――3割も！

西永　浄土真宗は僧籍が得やすいのもあるかもしれません。私も短大を出てすぐの頃に僧籍を取りましたが、1週間お寺にこもって学習したりお経の練習をしたりする程度でした。

――曹洞宗では修行の期間ももっと長いですし、女性が挑戦しやすい環境とは言いにくいですね。

西永　ただ、数の上では多くても、女性の発言権が強いわけではないので。宗派として、女性が多かったり、新しいものを取り入れているような印象がありますが、内面というか風土の上ではやはり保守的ですね。むしろ曹洞宗さんなどのほうが頑張っているかもしれない。

自分がなくなっていく感覚

――お姉さんがご実家を継いで、その後の西永さんは？

西永　僧籍を得た後、いまと同じ築地本願寺（当時は築地別院）に就職して、そこで2年ほど働いてから、同僚だった人と結婚しました。その人の遠縁のお寺で跡継ぎがいないところへ養子縁組して入ることになったんです。九州の大分《おおいた》で、見ず知らずの家に養子として入って、周囲も他人ばかりのところへ。

――それは誰が決めたんですか？

西永　夫の家族とその親戚との間で、前から決まっていたようですね。息子は次男だから、結婚したらそちらの家に入寺させると。私も、結婚したらそこに行くことが前提だとは聞いていました。そのお寺は大分の山奥で、周囲はみんな檀家さん。跡継ぎがいなかったお寺に新しいお坊さんが来たというので、皆さん大喜びしてくれたんです。当初はまるでアイドルか皇室の人みたいな扱いを受けました。みんな興味津々で、外から覗《のぞ》き込んでくるような。

檀家さんに初めてご挨拶する場があったのですが、直前に夫から「お前は何も言うなよ」って言われたんです。「初めまして」以外は言うなと。でも、皆さん私がどんな人か興味津々で来ているわけですから、ひとことで終わるわけにはいかないじゃないですか。だから、「まだ不慣れですが、どうぞよろしくお願いします」みたいなことは喋ったんです。そうしたら耳元で夫が小声で「お前なに喋っとんねん」って。

――うわっ、怖い。

西永　部屋に戻ってから大泣きです。そしたら、やってきた夫が冷たく「なに泣いてんの」って。そんなことが続いて、この結婚は失敗だったと気づいたけど、もう身動きがとれませんよね。九州の山奥のお寺で、周囲の檀家さんたちも大喜びで迎えてくれたわけですし。いまのようにネットもなくて、誰にも助けを求められなかった。

――そうですよね……。失礼ですが、夫さんのそういう部分は、結婚前には見えていなかった？

西永　いま思えば、という部分はありました。お店でアルバイトの若い女の子にすごく厳しい言葉をぶつけたりとか。でも、当時はモラハラとかパワハラという言葉もないですし、年齢的に結婚を焦っていたので、私も目が曇っていたのかもしれません。いまから考えれば、その兆候はいくらでも見つけられたんですが。

――わかります。結婚前ってそうですよね。

西永　養子縁組した住職ご夫妻は、「もともと他人どうしの集まりだから、なんでも話し合いましょう」と言ってくれて、実際にしょっちゅう家族会議を開いてくれたんですね。それはよかったのですが、夫はそこでも「俺が全部答えるから、お前はひとことも喋るな」と。そうしたら何も言えませんよね。あちらのお義母さんが「あなたも意見を言っていいのよ」と言ってくれているのに、まさか「この人に止められてるので」とは言えないので、「夫と同じです」としか言えない。自分という存在がなくなっていくような感じでしたね。

――つらいですね。さっき皇室みたいという話がありましたが、私は雅子さんが結婚してからどんどん表情を失っていくのが見ていてつらくて。あれだけ自分の言葉を持ち、キャリアもあったのに、自分というものを否定され続けたんだろうなって。

西永　結婚前の私はファッションが好きで、服もこだわって買っていたんですが、だんだんそういうことからも興味を失っていって。ただ、その後に子どもができたので、ある意味子育てを逃避先のようにして、なんとか生きていたという感じです。

――わかるなあ……。

僧侶の妻には選択権がない

西永　結局、そのお寺に4年いたのですが、最終的には義理の両親との関係がうまくいかなくなって、養子縁組を解消してお寺を出ました。そのことにも夫は反対で、「もう少し我慢すれば自分が住職になれるのに」と。それなら離婚してもいいから私は寺を出ると言って、夫もしぶしぶ認めたという感じでした。

その後、浄土真宗本願寺派鹿児島別院というところの職員として夫が就職しました。ここは独特の組織で、別院という中心的なお寺のほかに出張所と呼ばれる小さなお寺が22か所あるんですね。別院の職員がその住職（所長）を務めて、妻が坊守になるというのが慣習でした。それは拒否権がないんです。妻が働いていても辞めなくてはならない。辞めないと言ったら逆に「なんで?」と訊かれるような雰囲気です。

——ひどいですね。

西永　坊守になると月に数万円の手当が出るんですが、それを拒否する権利はないんです。自動的に振り込まれて、受け取ったなら坊守として働けと。坊守の仕事は、お寺の掃除や炊事洗濯など専業主婦的な仕事のほか、別院で大きな法要があるときは裏方として食事の準備や接待に駆り出されます。加えて、いろいろな委員会があって、たとえば子ども会をまとめる少年連盟とか、仏教婦人会といった組織の仕事が順番で割り振られてくる。

ただ、そういう仕事をしている中で、ちょうど仏教界でもＳＤＧｓに取り組む流れが出てきて、私がそういう社会活動に興味があると思われたのか、役職を振られるようになったんですね。教区の中にも比較的新しい考え方をするお坊さんたちがいて、これからは女性のリーダーも必要だというので。最初は少年連盟の副委員長になって、次は委員長にと推薦してくれた。私もその活動にはやりがいを感じていたので引き受けようと思ったのですが、最後にひとこと「旦那さんの許可を得てきてね」と。

――あちゃー。「許可」、私も聞き覚えがあります。

西永 私、もう40歳過ぎてて小学生じゃないんですけど、自分で決められないんですかって思いますよね。案の定、家に帰って夫に話したら大反対。「坊守のくせに出しゃばるな」と怒られて泣く泣くお断りしました。

――……。いつの時代の話かと思いますね。

西永 戦前の民法では結婚した女性は「無能力者」とされたそうですが、まったく同じですよね。私の住んでいた地方では、一人ひとりは皆いい人なんですけど、男尊女卑の文化がずっと根づいているから、その考え方から離れられないみたいです。同年代の僧侶にも、私が外で働きながらお寺に残ることはできないのかと相談したら「無理だね」と言われて。それで完全に離婚する方向に傾きました。

離婚して自立の道へ

西永　もうひとつ、離婚を後押ししたのは、坊守さんの会の中でも私より若い人が増えてきて、彼女たちの相談を受けることが増えたことがあります。ある女性は、学校の教師を目指してずっと大学で学んできて、やっとクラス担任を持てたというタイミングで僧侶と結婚して、仕事を辞めるように言われたそうです。

そんな話を聞くうちに、この構造をどうにかしないといけないと思いました。そう言っても私にはなんの権限もないのですが、自分がされて嫌だったことを下の世代の人にしたくないし、黙っていれば同じことをさせることになる。それは嫌だ、と。もともと夫とはうまくいっていないし、ここを出たいと思っていた。それは自分のわがままかと思っていたけど、私が離婚することが若い人たちの希望になるかもしれない。だったらファーストペンギン（最初に行動する人）になってやろうと。

――かっこいい！

西永　ＳＤＧｓ、とりわけジェンダー平等の活動などをしてきた中で、私のことを認めてくれる人もいたし、ＳＮＳを通じて全国の同じ志を持つ人たちともつながれてきた。それも後押しになりました。

――離婚はスムーズに行ったんですか？

西永　ありがちな話ですが、離婚すると言ったら夫は謝ってきて、自分が変わるからと引き止められました。「変えるべきところがあればはっきり言ってほしい」と言うので、はっきり指摘したら怒りだして（笑）。コントみたいですよね。

――典型的だ（笑）。

西永　離婚するしかないと、それで逆に確信しましたね。でも、まず経済的な基盤が必要なので、東京で働き口を探して、築地本願寺に再就職させてもらえることになりました。夫から物理的暴力をふるわれたことはないですが、大声で怒鳴るとか、恐怖心を煽《あお》るような振る舞いをされたりしていたので、できるだけ刺激しないよう協議離婚にしました。

仕事が決まったとはいえ長期のブランクがあり、子どももまだ学生だったので経済的な不安がありました。そんな状況なので、交渉して法的に認められた範囲のものを勝ち取りたかったのですが、とにかく離れることが優先でした。

自分の身を守るためにも、やはり職業を持つことが重要なので、いま働いている女性には、結婚してもどうか辞めずに続けてほしいと思いますね。

――本当にそうですね。

SDGsを通じてジェンダーと出会う

――ジェンダーについて知るようになったのは、どのあたりからですか？

西永　やっぱりSDGsの取り組みからですね。それまでは、おぼろげながらジェンダーという言葉は知っていたけれど、本質的なところがわかっていませんでした。でも、学んでいくうちに、これって世界的にみんなが困ってることなんだと気づいて。自分の経験に照らし合わせても思い当たることばかりですし。

――ビンゴだらけですよね（笑）。私が西永さんとつながったのもSDGsに関連したネット上のコミュニティででした。仏教界で女性が活躍していて、しかもジェンダーのことも言ってる！　とすごく勇気づけられました。

西永　私がいまのような活動をする上で、大きな影響を与えてくれた人がいて。日本のいろいろな宗派が集まった公益財団法人全日本仏教会という団体があるのですが、その理事長だった浄土宗の戸松義晴さんという方です。もうだいぶご高齢のお坊さんなんですが、アメリカのハーバード大学の神学校で学んだこともある人で。私が鹿児島にいた頃に、全日本仏教会の会報にインタビューを載せたいからと訪ねてきてくださって。これからは女性がリーダーシップをとっていく時代だとおっしゃって、そこから私をいろいろな役職に推薦してくれたんですね。

リーダーシップを育てるには「期待」「機会」「鍛える」の三つの「き」が大事だと言われますが、戸松さんがしてくれたのはまさにその三つでした。仏教界の中では、女性は期待もされないし、機会を与えられず、だから鍛えられることもない。でも私は、期待と機会をもらえて、取り組む中で無理やりにですが鍛えられたと思います。最初は人前で話すことだって苦手だったんですけど。そういう経験ができたことは幸せでしたね。

――次世代にとってのロールモデルになっていますよね。頑張って東京に出てきてくれて、ほんとによかった。

西永　そう思えば、あの地獄のような20年間も、いまの私をつくるための縁だった……みたいにきれいにまとめるのも嫌ですけど（笑）。

――そうですね（笑）。でも私も、つらかった経験がなかったら、差別されていることにも気づかずにニコニコとお茶くみしていたかもしれないし、こういう仲間にも出会えなかったと思います。

自己改革の取り組み――仏教界は変われるか

――いまはどんなお仕事をされているんですか。

西永 いまはSDGsやジェンダーに関係のない本来の仕事の部分が忙しくて、こういう活動をしていますと言いにくいんですけど。ひとつは、本願寺派の中で2024年6月に立ち上がったジェンダー平等推進委員会という組織の委員をしています。宗派の中でジェンダーや性差別の問題を感じても言える場所がなかったのを、ここで扱っていこうと。宗派をまたいだ全日本仏教会でも委員をしていて、ジェンダーに関する課題や啓発活動を話し合っています。

――そういう活動を通じて変わってきたところはありますか。

西永 浄土真宗では宗会というのが最高の意思決定機関なのですが、その宗会の議員は全員が男性なんです。それも年配の住職が多い……。

――曹洞宗も同じです。

西永 そういう顔ぶれで話し合っているから、なかなかジェンダーと言っても反応が鈍いのですが、議員の中には大学の先生だった方もいて、自分たちも時代に合わせて変わらなくてはならないと言ってくれて。それを受けてジェンダー平等推進委員会も設立されたんですね。

――そういう意見が出るだけでもましですね。曹洞宗では寺族相談窓口というのがありますが、私のような悩みや不満を受け止めてもらえるとは思えません。身バレする可能性も考えてしまい、使おうと思ったことは個人的にはないですね。

西永　安心して話せる雰囲気じゃないと機能しないですよね。浄土真宗では、本山の中に新しい部署を作って、ハラスメントの相談窓口やジェンダーや性差別に関する課題の調査をしていく予定です。全国の宗務員（職員）を対象に、ジェンダーに関する意識調査アンケートもしました。

――どんな意見が出ましたか？

西永　予想通りというか、辛辣《しんらつ》な意見も多いですね。「女性ばかり増やしてどうするんだ」とか。年配のお坊さんは、ジェンダーという横文字を使うだけでも拒否反応を起こす人が多くて。一方で、ジェンダー平等の講話をすると、いちばん反応してくれるのが60代から80代くらいの女性です。仏教婦人会という団体があるんですが、その活動をしてきた世代の女性たちは、頷きながら熱心に聞いてくれて、終わったら握手を求められたりもします。

――長年溜め込んだ思いがあるんでしょうね。

西永　むしろ若い世代のほうが伝わらないこともあって。一度、45歳以下の比較的若いお坊さんのための講座に呼ばれたことがあるんですけど。いつものようにSDGsの基本理念からお話を始めて、目標の5番目にあるジェンダー平等を中心にお話ししたんですが、終わった後の質疑で、参加者から「今日はSDGsの講義だと聞いていたのに、突然ジェンダーの話をされて気持ち悪かったです」って。

――えええっ。

西永 そうしたら、他の受講生も言っていいんだと思ったのか、次々に批判的な発言をし始めて。

――その世代で。

西永 そうなんですよ。それが驚きで。若い女性でも「自分は差別なんて感じたことがない。先生は考えすぎじゃないですか」みたいな感想をくれる人はいます。意外に若い世代でも、そういう考え方をするんですね。

――私も以前なら気づかなかったこともありますし、若いうちは女性だからという理由でひとつのコースを強いられるという実感はあまりないのかもしれませんね。

日本のお寺は持続可能?

――お寺の関係者から相談を受けたりしますか?

西永 ありますね。夫から暴力を受けている人も多くて、離婚したいけれどできないという相談も多いです。

――子どもへの虐待も耳にします。僧侶自身が親から躾《しつけ》という名の虐待を受けてきた例も聞きますし。そういうのが連鎖してＤＶにつながるんでしょうね。そんな環境で育った人だと、アンテナが壊れているというか、ジェンダーの話にもピンと来ないのは仕方ないのかなとも思ったりします。

西永　お坊さんって一般の人から見れば聖職に見えるんでしょうけれど、実際は……という人は少なからずいますね。

――そもそも向いてないのに、お寺の家に生まれたから仕方なくやっている人もいたりして、プレッシャーやストレスも当然あるでしょうね。

西永　あると思います。

――僧侶は僧侶で、自分に向いている職業を選べているのかという疑問もありますし、加えて娘だの跡継ぎだの……となると、はたから見ていても、もう妻帯仏教そのものが持続可能ではないですよね。ちなみに、私もそのうち寺族名簿から除籍したいと思っているんですけど、名簿から抜けるのも住職である夫が申請するんですよね。ここでも許可制。

西永　当然のように。

――私のようにお寺の外から突然入ってくると、自分の常識が通用しない世界だから完全に孤立してしまうんですよね。最初の頃は、ほとんど軟禁されているような気持ちで毎日を過ごしていました。

西永　わかります。自由なんだけど自由に出て行けないんですよね。それが普通だという世界にずっといると、そうなのかって思ってしまう。

――東京に出てこられて九州との違いや、宗派全体として変わっていく可能性などは感じられていますか。

西永　やはり地域差は大きくて、とくに築地本願寺は東京の真ん中にある都会のお寺なので、ジェンダーに関してはかなり進んでいるように感じます。まだ女性の管理職はいませんが、主任クラスはたくさんいて、仕事の上でも女性が力を発揮できる環境になっているので、すごいなと思っています。ただ宗派全体としては、まだまだポーズ先行で、本質的なところは変わっていないと思います。浄土真宗の場合、女性が僧侶になることに対する抵抗感は、昔はともかく現在はほとんどありません。ただ、意思決定の場に出ていくのには、まだまだハードルがあるというのが現状です。

――いまは個人の考え方も変わってきて、墓じまいなどに関しては檀家さんのほうが意識が進んでいますよね。「あさイチ」なんかを見ていても、どうして嫁の私が先祖代々のお墓まで面倒みなくちゃいけないの？　とか、みんな考えてるのに。お墓の管理や法事も、すべてを女性にさせるのは時代に合わないし、お寺だけが昔のやり方で続いていけるわけがない。地方ではものすごい勢いで人口が減っていくのに、いまだにどこかから妻を迎えて、子どもを産ませて継がせるなんて考え方では……。真剣に考えないと、自分たちが見捨てられかねませんよね。

西永 本当ですね。いままでのように女性を安い労働力としてこき使っていたら、誰もお寺に入ろうとは思わないでしょう。だからといって、別のいい方法があるのかと言われたら自分にはわかりませんけれど。女性だけの問題じゃなくて、仏教界全体の問題として考える必要があると思います。

今日、森山さんとお話しして、あらためて仏教界におけるジェンダー不平等は、長い歴史の中で根深く続いてきた構造的な問題であると確信しました。女性の僧侶が男性と同等の地位を持つことが難しい現状は、現代社会の価値観と大きく乖離《かいり》しています。誰もが平等に活躍できる環境を整えることは、仏教界全体の発展にもつながるはずです。未来のために、私たち一人ひとりが声を上げることが重要だと思います。

――ありがとうございました。

（2025年1月16日収録）

あとがき

最後までおつきあいくださった皆さま、ありがとうございました。

書くことはもともと好きで、ストレス解消の手段でもあったけれど、それだけの私が、まさか本を書くことになるなんて思ってもみませんでした。「はじめに」で書いたように、寺の嫁という存在への疑問を最初に発信したのが数年前。その後しばらくは、友人とつながっているSNSだけで投稿していましたが、職種や立場を越えた反響が何よりの励みでした。

「寺の嫁」のサクセスストーリー、寺という場所がその人にぴったりマッチして、うまくいっているという発信は、ネットで探せばいくらでも出てきます。それはそれで、きっと誰かの力になり励ましになっていると思うので否定はしません。むしろ、賃金や地位などの面でも彼女たちが適正な評価を得てほしいと思っています。

一方で、根底にある日本の仏教界での女性の生きづらさや女性差別については、ネット上でもあまり目にすることがなく、私自身そこにたどり着くまでは、生きづらさの理由がわからずしんどい日々でした。

SNSに投稿を重ねる中で、誰かを助けるようなことはできなくても、こんなことを考えている人間がここに一人いるよ、ということが誰かに届けば……と思うようになり、一年に一度更新するかしないかのペースですが、ブログで一般公開するようになりました。アクセス数はほとんどないようなものでしたが、立場は違っても、お寺に生まれ育った女性とコメントのやりとりができたりと、私にとって力をもらう場所でもありました。

そのブログを読んで「本にしてみませんか」と声をかけてくださったのが編集者の岩下結さん。私が本なんて書けるのかという迷いもなくはなかったけれど、あまりにも当たり前に受け入れられている妻帯仏教の矛盾、そして日本の仏教界の女性差別の現状を多くの人に知ってもらいたい、その機会を得た私がいま書かなくてはいけないと思い、どうにか書き上げることができました。こんな長文を書いたこともない私は、自分ではなく岩下さんをはじめ、ブログなどをおもしろがって読んでくれる友人たちを信じてここまで来ました。みんなみんな、ありがとう。

書き始めた頃は、どうしても昔の自分を振り返る必要があり、とても苦しい作業でした。自分の中では過去のこと、すでに消化して今は今と思えていると考えていたのに、当時の気持ちや空気を思い出すたびに心がひんやりとして、書きながら涙することもしばしばありました。反面、自分を振り返り、その後得ていった知識の中で、自分の行動の理由を順序だてて振り返り、いまの考えに至るまでをあらためて確認できたことは、ある種のセラピーのようでもありました。

それでもやはり、慣れない作業に一度書く手が止まってしまった時期がありました。そんなときに、NHKの朝の連続テレビ小説『虎に翼』が始まりました。初回からテレビに釘付けで、このときもやはりSNSに感想を投稿せずにいられず、最初の頃は観終わると湧き出た思いを毎回、毎週書き綴っていました。

とくに、主人公・寅子《ともこ》の母親のはるや、友人でのちに寅子の義理の姉となる花江が丁寧に描かれていたことが、私にはとても嬉しく励みになるものでした。専業主婦のことを当たり前にケアする人、なんとなくそうなった人として描かず、意思や意見を持つ個人として、敬意を持って描いたこと。働く女性と専業主婦を対立させず、個のその時その時の選択が丁寧に描かれていたこと。ドラマの中で、ごまかすことなく地獄を地獄だと言ってくれたこと、怒ることを肯定してくれたことも、文章を書き進める原動力となりました。一度止まっていた作業が、毎日の『虎に翼』のおかげで再び進みだし、自分と重ねては、書く上でのアイデアにつながったりもしました。

『虎に翼』では憲法や法律が自然に取り上げられていましたが、日本の教育やメディアの中では、人権や権利について正しく理解する機会が限りなく少ないと思います。大人になるまで意識したことのなかった私も含めて、権利なんて考えたことがない人も多いのではないでしょうか。

でも、私たちには、個人が個人として尊重される権利があり、幸福を追求する権利があり、おかしいことにおかしいと言う権利もあり、誰もが平等であって、婚姻は個人と個人の対等なものでなくてはなりません。信教の自由や職業選択の自由だってあります。僧侶と結婚したからといって自動的に組織に組み込まれるなんて、本来ならあってはならないことだし、寺で働くことを選ぶか、夫の仕事とは関係なく自分の仕事を続けるのか、選べることが当たり前でなくてはならないはずです。

僧侶との結婚によって、そういった女性の権利がおびやかされることが、あまりにも当然のように受け入れられ、2025年のいまでも日本の仏教界がそれをほとんど問題にしていないというのは、男女共同参画社会やジェンダー平等の実現といった視点からも社会問題と言えるのではないかと思います。

もしかしたら、組織の関係者からすると、その認識は勘違いだ、間違っている、と思われるような点もあるかもしれません。それでも、組織の末端にいる私の感じたことをそのまま書くように心がけました。

原稿のほとんどを書き終えた2024年末、私のお守りのような本である『私たちにはことばが必要だ――フェミニストは黙らない』（イ・ミンギョン著、すんみ・小山内園子訳、タバブックス）の著者イ・ミンギョンさんと韓国語を学ぶワークショップがあると知り、即座に申し込みました。

実は、この年の夏前から予兆はあったものの、年齢と猛暑のせいだろうと思っていた症状の数々が秋頃に本格的にひどくなり、かかりつけの病院に行ったところ、鬱病の再発と診断を受けました。身体が重くて毎日寝ているような状態だったのに、このワークショップだけは何としてでも行かねばと、重い身体を引きずるように会場に向かいました。出かけて人に会えば楽しくて気がまぎれるのか、その日も会場でミンギョンさんと出会えた瞬間、今日で治ったかも！と思うくらいに頭がクリアになり、楽しさと興奮でいっぱいになりました。

現在ミンギョンさんは語学アトリエ「ゲリラ」を設立し、みずから開発した外国語学習のテクニックで、女性たちに向けて、主にフランス語を流暢《りゅうちょう》に話せるようになるための指導に注力しているのだそうです（タバブックスのインスタグラム参照）。今回のワークショップは、その手法を使って韓国語を話してみようというもので、テキストなどがないまま、先生の声を真似ながら本の一節を「声に出して読む」というものでした。韓国語を勉強している人も、意味などは考えず

「音」に注目するようにと言われ、先生の声に集中して、その一節を音の感覚だけで繰り返しました。

帰りに、その日読んだ一節のコピーを渡され、その部分を本と照らし合わせると、まさにそのときの私に必要だった言葉でした。今日行かなければと思ったのは、私がこの言葉を必要としていたからだと感じました。

あなたの声には、すでに力があります。確信は持とうと思った瞬間生じるのです。
(당신의 목소리에는 이미 힘이 있으며, 확신은 가지는 순간에 생깁니다.)

SNSに自分の好きなように書くのとは違って、拙い知識と自分の経験だけで本を書くことに、正直怖さもあります。原稿を書き、修正を入れながら、裏付けとなる知識をもっと持ちたいと思い、参考のために買った本が何冊もありましたが、鬱病の症状のため秋頃から本が読めなくなってしまいました。なので、この言葉はあらためて私に自信を与えてくれました。この日のワークショップでは読まなかったけれど、その一節にはこのような言葉が続いています。

参考文献が増えれば確信に満ちた声が手に入るわけではありません。足りないものは知識や資格ではなく、確信と練習です。（『私たちにはことばが必要だ』２１０頁）

環境やしがらみや自信のなさから、感じた疑問について考え続けることも、言葉にすることも難しい女性たち、いや、女性たちだけでなく性別問わず、そんな方々がたくさんいると思います。私も自分のモヤモヤを言葉にするまでに、そしてそれを誰かに言うまでには多くの時間がかかりました。言葉にすることがとても勇気のいる状態にある人も、きっとたくさんいるのではないかと思います。でも、ここにあるように、いままで我慢してきたことを、素知らぬ顔でひとつでもやめてみるとか、自分のためだけにそれを書き留めるとか、そんなことからも何かが変わるかもしれません。

私の場合は、友だちとのたわいもないお喋りから始まりました。モヤモヤを共有しては、これって私がいけないのか？　私の心が狭いのかな？　そうやって、ごちゃごちゃ脱線しながら話すうちに、自分の中で言葉が明確になっていきました。

私たちの言葉には力があり、確信は持とうと思った瞬間から生じている。あとは心の中でもいいから考え、言葉にする練習をすることだというのです。

本の最後はこう締めくくられています。

私はずっと、人というのは多くの参考例によって作られると考えてきました。新たな事例にはげまされ、今までだったら厄介者扱いされそうだとがまんしてきたことに、あえてがまんしなくなる人が増えていったら。そうなることを祈っていますし、そう考えると嫌な気分だけでなく、ワクワクもしてくるのです。（同書211—212頁）

私も、多くの参考例に出会っていまがあると思っています。ご自身の経験をお話しくださった西永亜紀子さん、原稿を読んで事実関係の指摘をくださった瀬野美佐さん、そして本の中で紹介した言葉や出会った方々、私の話に耳を傾け、一緒に怒ったり泣いたり笑ったりしてくれた大切な友人たち。韓国の作家さんたちの本に出会うきっかけをくれた翻訳家の方々にも感謝せずにいられません。参考文献のリストもつけましたので、ここに紹介した本と皆さんが出会うきっかけになれば嬉しいです。

そして、推薦文を寄せてくださった作家の深沢潮さん。何年か前に川崎の「ふれあい館」での講演会でサインをいただいた深沢さんからのご推薦は、うまく内容が伝わるだろうかと少しの不安をかかえていた私にとって、大きな自信となりました。心より感謝申し上げます。
最後に、気長に伴走してくださった編集の岩下さん、そしてこの本にかかわってくださった皆さんへの敬意と感謝を込めて、書き終えようと思います。

2025年1月

森山りんこ

参考文献

熱田敬子、金美珍、梁・永山聡子、張瑋容、曹曉彤編『ハッシュタグだけじゃ始まらない』大月書店、２０２２年
アルテイシア著『フェミニズムに出会って長生きしたくなった。』幻冬舎文庫、２０２１年
アルテイシア著『自分も傷つきたくないけど、他人も傷つけたくないあなたへ』KADOKAWA、２０２２年
イ・ミンギョン著／すんみ、小山内園子訳『私たちにはことばが必要だ』タバブックス、２０１８年
上野千鶴子著『家父長制と資本制』岩波現代文庫、２００９年
上野千鶴子著『女の子はどう生きるか』岩波ジュニア新書、２０２１年
海野つなみ作『逃げるは恥だが役に立つ』1〜11巻、講談社、２０１３〜２０２０年
太田啓子著『これからの男の子たちへ』大月書店、２０２０年
落合恵美子著『21世紀家族へ〔第四版〕』有斐閣、２０１９年
加藤秀一著『はじめてのジェンダー論』有斐閣、２０１７年
カトリーン・マルサル著／高橋璃子訳『アダム・スミスの夕食を作ったのは誰か？』河出書房新社、２０２１年
神谷悠一著『差別は思いやりでは解決しない』集英社新書、２０２２年
川橋範子著『妻帯仏教の民族誌』人文書院、２０２１年
キム・ジヘ著／尹怡景訳『差別はたいてい悪意のない人がする』大月書店、２０２１年
キム・ジヘ著／尹怡景訳『家族、この不条理な脚本』大月書店、２０２４年

栗田隆子著『ぼそぼそ声のフェミニズム』作品社、2019年
仕事文脈編集部編『家父長制はいらない 「仕事文脈」セレクション』タバブックス、2024年
周司あきら、高井ゆと里著『トランスジェンダー入門』集英社新書、2023年
武田砂鉄著『マチズモを削り取れ』集英社、2021年
チェ・スンボム著／金みんじょん訳『私は男でフェミニストです』世界思想社、2021年
チョ・ナムジュ著／斎藤真理子訳『82年生まれ、キム・ジヨン』筑摩書房、2018年
チョ・ナムジュ著／小山内園子、すんみ訳『彼女の名前は』筑摩書房、2020年
チョ・ナムジュ著／小山内園子、すんみ訳『私たちが記したもの』筑摩書房、2023年
チョン・アウン著／生田美保訳『主婦である私がマルクスの「資本論」を読んだら』DU BOOKS、2023年
中村敏子著『女性差別はどう作られてきたか』集英社新書、2021年
那須英勝、本多彩、碧海寿広編『現代日本の仏教と女性』法藏館、2019年
西加奈子著『i(アイ)』ポプラ社、2016年
西加奈子著『くもをさがす』河出書房新社、2023年
野村まり子絵・文／笹沼弘志監修『えほん日本国憲法　しあわせに生きるための道具』明石書店、2008年
平野卿子著『女ことばってなんなのかしら?』河出新書、2023年
松田青子著『持続可能な魂の利用』中央公論新社、2020年
三浦まり著『さらば、男性政治』岩波新書、2023年
ミン・ジヒョン著／加藤慧訳『僕の狂ったフェミ彼女』イースト・プレス、2022年

村山由佳、朴慶南著『私たちの近現代史』集英社新書、２０２４年
森山至貴著『10代から知っておきたい　あなたを閉じこめる「ずるい言葉」』ＷＡＶＥ出版、２０２０年
尹雄大著『さよなら、男社会』亜紀書房、２０２０年
和田靜香著『50代で一足遅れてフェミニズムを知った私がひとりで安心して暮らしていくために考えた身近な政治のこと』左右社、２０２３年
女性と仏教・関東ネットワーク編『女たちの如是我聞』第15号〜24号、２０１５年〜２０２４年
『エトセトラ』VOL.9「特集：NO MORE 女人禁制！」エトセトラブックス、２０２３年
九州サークル研究会『無名通信』第1号、１９５９年（ウィメンズアクションネットワーク〔WAN〕ウェブサイト「ミニコミ図書館」にて閲覧 https://wan.or.jp/dwan/detail/6080 ）

森山りんこ（もりやま・りんこ）
20代で僧侶の夫と結婚しお寺で暮らすようになる。お寺にも仏教にも無縁なところから「お寺のおくさん」になるべく20年近く奮闘する中で、仏教界での女性の立場に違和感を持つように。ブログやミニコミ誌への執筆を通じてモヤモヤを言語化し、少しずつ社会に発信している。
ブログ「りんこの部屋」　https://pompom-kinoko.hatenablog.com/

お寺に嫁いだ私がフェミニズムに出会って考えたこと

2025年4月17日——初版第1刷発行

著者……………………森山《もりやま》りんこ

発行者………………熊谷伸一郎

発行所………………地平社
〒101-0051
東京都千代田区神田神保町1丁目32番 白石ビル2階
電話：03－6260－5480（代）
FAX：03－6260－5482
www.chiheisha.co.jp

カバーデザイン……後藤葉子（森デザイン室）
編集……………………岩下結（よりまし堂編集室）
印刷製本……………中央精版印刷

ISBN978-4-911256-17-6　C0036

地平社　乱丁・落丁本はお取りかえします。